어쩌려고
혼자
다녀?

장근영
에세이

꼬인다닥

CONTENTS

저자의 말 5

1부
1 길 위의 대화 13
2 악랄한 예고장 23
3 덤덤하게 26
4 진지한 고민 30
5 저 장애인이에요? 33
6 훗날을 위한 선택 37
7 두 번째 신분증 41

2부
8 떨림과 설렘 45
9 첫 도전 49
10 두둥두둥 54
11 먹구름이 드리우다 58
12 폭풍우 몰아치고 62
13 초보 장애인 근로자 70
14 뿌연 선 75

3부

15 띵동띵동 83
16 조금 낯선(?) 87
17 읽는다는 것 95
18 흰지팡이를 펼치다 99
19 안마사! 107
20 웃픈 출근길 114
21 일하고 배우며 122

4부

22 나만의 방식 131
23 소용돌이 136
24 고객님의 건의사항 142
25 나름의 쓰임새 147
26 눈은 보이잖아!? 153

에필로그 163

어쩌려고 혼자 다녀?

저자의 말

특별하지 않은 중도 장애인의 이야기. 저자가 자신의 이야기를 담은 책을 읽어 본 적이 누구나 있을 것이다. 그런 책의 저자들은 대부분 좋은 학벌에 대단한 경력과 직업을 가지고 있거나 대단한 성공담을 가지고 있는 사람들이다. 그러하기에 책을 쓴다는 것은 특정 부류 사람들의 전유물 같은 느낌이 든다. 정말 아무것도 아닌, 내세울 것 하나 없는 내가 글을 쓴다는 것은 아무 의미 없는 일일지 모른다는 생각이 들기도 한다.

장애인! 장애인이 주제라면 그 장애인이 특별해야 한다. 엄청나게 시련을 겪고 성공해야 한다. 장애가 있음에도 외국의 유명 대학을 나오거나 박사 학위를 따서 교수가 되거나 엄청난 재활의 경험을 가진 정도는 되어야 자신의 장애를 주제로 글을 쓴다. 나도 그런 책들을 읽어 본 적이 있다. 글을 써 보라고 권유를 받았을 때, 무엇을 써야 할지를 몰랐다. 아는 건 그저 나뿐이었다. 그래서 나에 대해 써 내려갔다.

　세상이 특별하게 감동적으로 말하는 장애인의 부류에는 속하지 않는, 그저 먹고 사는 방법만 생각하는 생활형 장애인, 그저 보통의 사람일 뿐이다. 나의 이런 평범한 인생의 한 이야기가

　"뭐 이런 걸 글로 썼대?"

　하며 감동도 없고 재미도 없다고 할지도 모르겠다. 하지만 난 감동이나 재미가 아니라 우리 세상에 나 같은 사람들이 더 많을 것이라는 생각에 글을 쓰기 시작했다.

　그냥 평범한 사람들! 딱히 특별하거나 대단하거나 혹은 못났거나 할 것 없이 그저 평범한 일상을 성실히 살아가는 사람들. 그런데 사회로부터 장애인으로 분류되는 사람들. 장애인이라 하면 국가나 어느 단체로부터 도움을 받아야만 살 수 있는 사람들이라고 하는 인식이 많지만, 지금은 장애인도 직장을 갖고 자신의 능력으로 살아가는 사람들도 많기에 그런 사람 중 가장 특별하지 않은 나의 이야기를 써보고 싶었다.

　요즘 장애인에 대한 인식개선 교육이 기업이나 각종 단체에서 많이 이루어진다. 장애인식개선교육이라고 하면 어떤 생각이 들까? 장애인들은 좀 특별하고 도움이 필요한 사람들이므로 대면할

때 어느 것을 조심해야 할지 또 어떤 도움을 주어야 할지를 배우는 시간쯤으로 생각하는 경우가 많다. 반드시 틀린 말은 아니라고 생각한다. 그러나 그것은 비단 장애인에게만 해당되는 이야기가 아니며 타인과 관계를 맺고 살아가는 모든 사람이 그렇듯이 장애인 또한 그런 사람 중에 하나라고 인식되었으면 좋겠다. 내가 바라는 장애인식개선교육은 그런 것이다.

나도 비장애인이었다. 우리는 모두 다르다. 사는 방식, 생활수준, 신체적·정신적 특징도 모두 다르다. 비장애인, 장애인 할 것 없이 모두가 그렇다. 장애인이 되기 전에도, 장애인이 된 후에도 나는 늘 그렇게 서로 다른 사람 중의 하나였다. 하지만 장애인들은 신체적 또는 정신적으로 만성적 어려움을 갖고 있기에 그 다름이 좀 더 특별하게 느껴지는 것은 사실이다. 그 특별함을 그저 서로 다른 사람들이 가지고 있는 보편적인 특징의 하나라고 생각하면 어떨까.

시각장애인은 눈이 잘 보이지 않거나 혹은 전혀 보이지 않기에 흰지팡이나 활동지원사 또는 안내견과 함께 이동한다. 흰지팡이로 독립 보행하는 시각장애인은 점자블록을 많이 활용할 것이다. 직장에서는 확대경이나 스크린리더기를 활용해서 작업한다. 그것만으로 해결되지 않을 때는 한국장애인고용공단에서 지원하는 근로지원인의 도움으로 작업을 수행할 수 있다.

얼마 전 한 대학원의 박사과정에 있는 학생이 논문을 준비한다며 설문을 조사했다. 나도 시각장애인을 주제로 하는 그 학생의 논

문 설문에 참여했다. 그런데 이 학생의 마지막 질문에 가슴이 답답해졌다.

'시각장애인에게 어떤 지원을 해주면 비장애인보다 더 작업을 잘할 수 있습니까?'였다.

주관식인 그 질문에서 하고 싶은 말이 없었다. 어떠한 지원을 해주면 비장애인보다 무엇을 더 잘할 수 있냐는 말인데, 솔직히 질문이 부담스러워 답변을 못 하겠다고 하고 싶었으나, 그 대학원생이 목 아프게 읽어온 설문의 마지막 질문에 토 달고 싶지도 않고 또 1초라도 빨리 끝내고 싶은 마음에 대충 보조공학기기 지원이라고 이야기했다.

장애인이 특별히 뛰어난 능력이 있음에도 접근성이 어려워 비장애인들보다 업무 성과를 내지 못하고 있을 때 어떤 지원을 해주면 좋겠냐는 질문인 것 같았으나 질문을 그렇게 딱 잘라 한 문장으로 비장애인보다 더 잘하려면 어떤 지원이 필요하냐고 물으니 참 답답했다.

사실 시각장애인들이 모두 뛰어난 능력을 가지고 있는데 지원이 없어 일을 못 하는 것일까. 너무 시각장애인을 특별하게 바라보는 것은 아닐까. 시각장애인이라고 더 성실하고 시각 외에 다른 감각이 엄청 뛰어나고 창의력이 있고 기억력이 좋고 이런 게 있다고 생각하고 있는 것일까.

보통의 사람들. 다른 사람들보다 엄청난 능력을 가지고 있는가.

그저 살아가는 것이고, 먹고 자고 살려고 일을 하는 사람들이 더 많지 않은가. 솔직히 대부분의 시각장애인은 그냥 평범하게 일반 직장에 다니고 싶어도 장애 때문에 그것이 가능하지 않은 경우가 더 많다. 장애 외에 다른 특별하고 엄청난 능력을 가진 사람은 별로 없다. 평범한 사람이 더 많다는 이야기다. 그런데 어떤 지원으로 비장애인보다 일을 더 잘해야 한다는 설정은 부담스럽기 그지없다. 장애인 지원으로 비장애인 못지않은 업무 성고를 내는 것만으로도 보통 일이 아닌 사람들이 더 많기 때문이다.

나는 특별한 사람이 아니다. 특별하고 싶지도 않다. 물론 감동적인 사람은 더더욱 되고 싶지 않다. 보통의 삶! 대단하지는 않지만 먹고 살기 위해, 일하고 삶에 지치지 않기 위해, 취미생활도 좀 하고, 여행도 하고, 맛있는 것도 먹고 사는 그런 삶. 난 그렇게 사는 사람이고 앞으로도 그렇게 살고 싶은 사람이다. 그런데 단지 시각장애가 있을 뿐이다. 이 글을 읽고 장애가 있음에도 묵묵히 성실하게 살아가는 평범한 사람으로서 장애인에게는 공감을, 비장애인들에게는 장애인들이 TV나 영화에서처럼 특별한 존재만이 있는 것이 아니라 나처럼 살아가는 장애인들도 있다는 것을 이야기하고 싶었다. 그리고 나 같은 중도 장애인이 인생을 걸어가는 특별할 것 없는 과정을 이야기하고 싶었다.

저자의 말

어쩌려고 혼자 다녀?

어쩌려고 혼자 다녀?

01 길 위의 대화

흰지팡이로 보행을 하면 뜻하지 않게 여러 사람들과 만나게 된다. 갑자기 말을 걸어오는 사람들이 많은데 대부분 도와주기 위해서고 가끔은 별 이유없이 말을 붙이기도 한다. 가급적 독립보행을 하고자 하니 낯선 사람과의 이런 접촉은 어느새 일상처럼 되어버렸고, 꽤 많은 사람을 만났으므로 그들이 어떤 사람이고 어떤 느낌이었는지 일일이 다 기억할 수가 없다. 그런데 그중에 온전히 기억에 남는 두 명의 아주머니가 있다.

복지관에서 컴퓨터 수업을 마치고 회사에 가고 있었다. 복지관에서부터 전철역까지는 점자블록이 완벽하지는 않지만 제법 잘 되어 있어서 점자블록을 따라 조심히 걸어가고 있었다. 그날은 생각할 거리가 있었다. 최근 장애인 인식개선 공부를 했고 자격증을 취득했다. 그리고 첫 강의가 들어와, 강의 내용을 정리하느라 걸어 다니면서도 내용을 곱씹었다. 길을 가고 있지만 주변의 소리가 귀에 잘 들어오지 않았다. 사실 위험한 일이다. 시야는 처음 질환을 알았을 때와 비슷하나 시력이 상당히 나빠져 있다. 보이는 시야 안에서 앞이 뿌옇게 짙은 안개가 껴 있는 듯 보이고 날씨가 화창한 날이면 눈부심까지 더해져 보여도 보인다고 할 수 없을 정도이다. 그런데도 매일 다니는 길이다 보니 흰지팡이를 이용해 보행하는 와중에도 다른 생각에 빠질 수 있었다.

전철역에 도착해서도 그랬다. 전철을 타고 가면서도 강의를 비롯해 이런저런 생각들로 가득 차 있었다. 회사 근처 전철역에 내려 출구로 걸어가는 길에 생각의 전등이 꺼졌다. 누군가가 나를 쳐다보며 따라오는 것이 느껴졌기 때문이었다. 이런 일은 흰지팡이를 가지고 보행하는 나에게는 흔한 일이다. 대부분 좀 쳐다보다가 자기 갈 길을 그냥들 가는데 이 사람은 좀 이상하다. 언제부터인지는 몰라도 적지 않은 시간 동안 줄곧 따라오는 느낌이었다. 등에서 살짝 식은땀이 났다.

'뭐지?'

생각에 빠져 몰랐지만 아까 전철에서부터 따라온 것 같기도 했다. 용기를 내서 걸음을 멈추었다. 그러자 그 사람도 멈췄다. 왼쪽 옆에서 따라오던 그 사람은 멈춘 나를 빤히 바라보았다. 겁은 났지만 몸을 틀고 그 사람을 바라보았다. 키가 나보다 작고 모자를 쓴 아주머니 같았다.

'1초, 2초, 3초……'

"아가씨 완전 나쁜 사람이네. 아가씨 같은 가짜 때문에 진짜 맹인들은 울어. 나쁜 사람, 천벌 받을 거야. 아가씨!"

"……"

키 작은 아주머니는 나에게 그렇게 말하고 휙 가버렸다.

'뭐래?'

혼자 흰지팡이를 들고 서서 멍하니 서 있었다.

그날의 기억이 지금도 생생하다. 기억에 두고두고 남는 첫 번째 아주머니다. 솔직히 너무 무서웠다. 여자 시각장애인이 흰지팡이로 혼자 독립보행을 하며 시내를 다니는 일은 사실 위험하다. 사람들의 눈에 잘 띄기 때문이다. 눈이 흐려지고 시력이 나빠지면서 낯선 길은 잘 가지 않게 되었다. 꼭 가야만 하는 길이나 혼자 다닐 필요가 있는 길은 가족들의 도움을 받아 몇 번 그 길에서 보행훈련을 하고 난 후 혼자 다닌다. 그렇기에 잘 보이지 않아도 잘 다닌다. 자주 가는 길은 그 길에 지형지물을 파악하고 있어 여유있게 다닐 수도 있다. 이것은 전맹인 시각장애인에게도 가능한 일이거니와 나처럼 전맹이 아닐 때는 조금 더 수월한 일이다.

그러나 돌발상황은 대처가 어렵다. 돌발상황만 없다면, 매일 다니는 출근길은 새로울 것이 없다. 그러나 그렇지가 않다. 매일의 그 길이 매일 다른 길이다. 이유는 사람들의 관심 덕분이다(?). 일주일에 적어도 두 번 정도는 출근길에 낯선 사람이 말을 걸어온다.

"아가씨, 어디가?"

"아가씨, 어쩌려고 혼자 다녀?"

"아가씨, 도와줄까요?"

등등 나의 걱정을 해주느라 사람들은 말을 걸어온다. 지난번에는 2호선으로 전철을 환승하는데 어떤 할아버지가 내 등 뒤에서

"아가씨, 거기 2호선이야!"

하고 크게 소리치고는 어디론가 가버리셨다. 내가 잘못 가고 있을까 봐 바쁜 와중에도 소리치고 가버린 할아버지에게 혼자

"감사해요."

하고 길을 걸었다. 또 한 번은 다른 할아버지가 지팡이를 획 낚아채더니 근처 점자블럭에 가져다 놓았다. 깜짝 놀랐지만 아주 재미있는 일이었다. 할아버지는

"이리 가야 안전해."

하고 가버리셨는데 그 점자블럭은 가고자 한 방향이 아니었다. 저시력이고 아는 길이니 망정이지 그렇지 못한 시각장애인이라면 난감했을 것이다.

모두 나열하기도 어려울 만큼 많은 일이 벌어져 매일 같은 길을 가면서도 매일 다른 길을 가는 듯싶다. 사람들은 대부분 도와주려고 마음을 써준다. 너무 고맙다.

하지만 나를 지켜야 하기에 그 고마움을 다 받을 수는 없다. 예를 들어,

"아가씨, 어디가?"

전철 타러 가는 길에 이렇게 물으면 절대 대답하지 않고
"괜찮아요. 갈 수 있어요. 감사합니다."

이것이 정해진 대답이다. 세상이 얼마나 무서운데 낯선 사람에게 행선지를 알려주는가 말이다. 간혹 내 정해진 대답에 짜증을 내는 사람도 있었다.

"어떻게 가려고 그래?"

하면서 말이다.

"저 자주 다니는 길이라 괜찮아요."

라고 말을 해도 긴 한숨을 푹 쉬고 한참을 머뭇거리다 가는 사람도 있다.

물론 아무 일도 아무 와도 대화가 없는 날이 더 많다. 그런 날은 솔직히 너무 좋다. 흰지팡이를 들고 있지만 사회의 한 구성원으로 독립적으로 자연스럽게 포함되어 있는 기분이다.

아무튼, 사람들과 대화하는 날도 그렇지 않은 날도 다 그저 일상으로 삶의 한 부분으로 받아들이고 살아가고 있다. 그런데 날 의심했던 모자 쓴 아주머니는 삶에 살짝 두려움을 주었다. 그 아주머니는 시각장애인에 대해 알면서도 제대로 모르는 사람일 것이다. 사실 시각장애인이라고 속이고 사기 치는 사람들도 있을 것이기 때문에 혹 그런 사람에게 안 좋은 기억이 있나 싶다.

'하지만 나는 아닌데. 그리고 저시력 시각장애인도 흰지팡이 사용해서 보행하는데 …….'

말해주고 싶어도 휙 가버린 아주머니. 그 일을 가족들에게 말하니 걱정을 하면서도 잘 몰라서 그러는 것이니 이해를 해야지 어떻게 하겠냐고들 했다. 맞는 말이다. 두렵기도 했지만 이해도 되는 일이다. 잘 몰라서 그러신 거니까.

나를 처음 보는 사람 중에는 겉보기에는 특별한 점이 없어 시각장애인이라고 하면 깜짝 놀라는 사람들이 많다. 오히려 눈이 예쁘다는 얘기도 간혹 듣는다. 예쁜 눈인데 기능은 좀 엉망이다. 망막색소상피변성증은 눈의 외형상 변화가 없는 경우가 대부분이다. 하지만 안 보인다. 사람들에게 이런 세세한 이야기를 해줄 기회는 없다. 길에서 만난 사람들도 흰지팡이만 보고 도와주는 것이기에 내가 어느 정도 보이고 그러므로 도움은 어디까지 필요한지 세세한 대화를 나누기는 어렵다. 그 아주머니의 일이 있고 나서 중도 저시력장애인인 나의 이야기를 만나서 해줄 수는 없지만

"이래 이래해서 이렇고 이래요."

라고 알려주고 싶었다.

내 기억에 생생하게 남아있는 두 번째 아주머니도 복지관에서 회사 가는 길에 만난 분이었다. 복지관에서부터 전철역까지는 내 걸음으로 약 10분이 소요된다. 수업이 거의 일정한 시간에 끝나다 보니 늘 비슷한 시간에 그 길을 걷는다. 복지관에서 전철역까지 가는 점자블록을 실크로드라고 이름 붙였다. 새로운 세계로 데려가 주지는 않지만 나를 인도해주는 멋진 노란 길!

실크로드를 따라 전철역으로 가고 있었는데 오토바이가 갑자기 나타났고 오토바이와 부딪칠 뻔했다. 그 길의 단점이다. 중간중간 골목길로 빠지는 길이 있는데 거기서 오토바이가 갑자기 나오는 때가 많다. 놀랐는데 한 아주머니가 다가와

"아가씨 놀랐지?"

하며 팔을 잡아주었다.

"아, 네. 감사합니다."

"나랑 같이 갑시다. 어디까지 가요, 아가씨?"

원래는 이런 질문에는

'괜찮아요. 혼자 갈 수 있어요. 감사합니다.'

라는 답이 있는데 너무 놀라

"네. 전철 타러 가요."

하고 대답해버렸다. 아주머니는 본인도 전철을 타러 간다며 같이 가자고 팔짱을 끼셨다.

마음을 진정하고 가다 보니 팔이 아주머니 가슴에 꽉 닿아 있었다. 같은 여자지만 조금 부담스러웠다. 그리고 혹시나 아주머니가 남자 시각장애인도 이렇게 도와주면 어쩌나 난데없는 오지랖이 발동하면서

"저기, 시각장애인이랑 걸을 때는 팔을 이렇게 잡는 것보다는요."

아주머니 팔꿈치 살짝 위를 잡으며

"이렇게 시각장애인이 잡게 하고 살짝 뒤에서 걸어올 수 있게 하는 게 좋아요."

라고 이야기했다. 그랬더니 아주머니는 살짝 당황한 듯, 불쾌한 듯, 모를 태도로

"요즘 젊은 사람들은 이렇게 하나보지?"

하고 말하며 사실 본인은 요양보호사인데 이용자를 근처 병원에 데려다주고 집에 가는 길이라고

"어르신들은 팔짱 끼는 거 좋아해."

하고 말했다. 요점이 흐려졌다. 그렇지만 거기서 다시 시각장애인 보행을 설명하기는 좀 무리다 싶어 그냥

"네."

하고 같이 길을 걸었다. 아주머니와 나는 타고 가야 하는 전철도 같았다. 내가 몇 개 역을 더 가야해서 아주머니는 먼저 내렸다. 그리고 또 마주치지 않을 것이라는 생각에, 가끔 있는 일이라 여기고 그날의 일을 잊고 있었다.

그런데 딱 일주일 뒤, 같은 길에서 그 아주머니를 또 만났다. 아주머니는 뒤에서 다가와

"아가씨 또 만났네."

인사하며 팔짱을 끼었다.

"같이 갑시다."

"네? 네."

낯선 아주머니한테 도움을 또 받으려니 부담스럽기도 했지만 지난번 일도 있고 하니 그냥 걸었다. 잠시 뒤

"참 아가씨는 이렇게 하는 거 싫다고 했지? 근데 난 어르신들 모시고 다니다 보니 이게 편해."

하면서 팔짱을 더 깊숙이 끼셨다.

"네 ...."

다시 시각장애인 안내보행을 설명하기는 그른 것 같아 입을 닫았다.

'뭐 알아서 하시겠지.'

같은 전철을 타고 가는 길에 아주머니는 두 번째 만남이라고 질문을 했다.

"아가씨는 매일 어디가?"

"회사에 가요."

"일을 해? 대단하네!"

회사에 다닌다고 하니 아주머니는 놀라며 목소리 톤이 올라갔다. 신기한 일인가. 예전에도 전철 노약자석에 같이 앉아 가던 할머니가 어디에 가는지 묻기에 회사에 간다니까 놀라셨던 적이 있기는 했다.

길에서 만난 사람들. 시각장애인이어서 대화를 하게 된 사람들. 사실 그들은 나에게는 관심이 없을 것이다. 그저 시각장애인에게 도움을 주고자 다가와 몇 마디 건넸을 뿐이다.

하지만 길에서 마주친 나를 신기하게 보는 그들에게 늘

"이래 이래해서 이렇고 이래요."

하고 알려주고 싶을 때도 있다.

중도 시각장애인이 된 이야기. 길에서 흰지팡이로 걷는 나와 대화를 시작했다고 생각해 보자. 내가 어떻게 흰지팡이를 들고 세상에 나오게 되었는지 한 번 들어보겠는가? 전혀 궁금하지 않을 수도 있겠지만 말이다.

02 악랄한 예고장

대학교를 졸업하고 취업을 못 했다. 이력서는 수십 군데 넣어 봤고 면접은 세 번 정도 봤지만 모두 떨어졌다. 고로 나는 우리 집의 골칫덩어리가 되었다. 슬프고 우울하기도 했지만 이상하게 나는 우울해하면서도

'뭐 어때.'

하는 생각으로 대학교 4학년 때부터 준비하던 9급 공무원시험을 계속 준비했다. 읍내에 있는 도서관에 가서 공부했는데, 사실 공무원 공부가 체질에 안 맞는지 집중을 잘 못 했다. 나이가 들어 나를 알아가는 요즘 다시 생각해 보면 그때 공무원 공부 말고 돈이 좀 들더라도 부지런히 컴퓨터나 다른 기술을 배워서 취업에 좀 더 도전해 볼 걸 하는 생각도 든다.

그러던 어느 날이었다. 그날도 공무원 공부를 해보시겠다고 도서관 열람실에 박혀 있었다. 점심을 먹고 졸리기도 하고 집중도 안 되어 몸이 점점 꼬이기 시작했다. 그런데 때마침 아버지한테 전화가 왔다. 아버지가 눈에 다래끼가 났다며 안과에 가신다고 했다. 공부도 잘 안되니 이때다 싶어 따라가겠다고 나섰다. 시골 읍내에 딱 한곳이던 안과에 난생처음 안과라는 진료과목의 의원에 들어섰다. 그날, 겨울이 다가오던 늦가을의 어느 오후, 그날 이후로 인생이 바뀌기 시작했다. 나의 삶 어디 즈음에 난데없이 뚜렷하고 분명한 선 하나가 그어지는 순간이었다.

아버지의 다래끼 진료가 끝나고 갑자기 아버지가 어려서부터 야맹증이 있던 나를 걸고넘어지셨다. 왜 그렇게 야맹증이 사라지지 않냐며 검사나 해보라는 것이다. 그럴 수도 있지 굳이 검사하냐고 투덜대면서도 한편으론 은근히 궁금하기도 했다. 의사는 동공을 확장해서 좀 보자고 했다. 난생처음 눈에 안약이라는 걸 넣는데 왜 이렇게 눈이 깜빡이는지 간호사가 동공 확장제를 넣으며 꽤 고생했다. 한 30분 후, 다시 진료실 입장. 검사기기에 턱을 올리고 눈을 한쪽씩 의사가 본다. 양쪽을 다 살펴본 후 의사는

'1초, 2초, 3초…….'

"망막색소변성증입니다. 못 고치는 병이에요. 실명할 겁니다. 큰 병원에 가서 진단받으세요. 소견서 써 드릴게요."

뭐래? 의사가 뭐라는지 모르겠다. 아버지도 마찬가지였다. 더

웃긴 것은 그 엄청난 소리를 듣고

'뭐라고요? 다시 말씀해 주시겠어요?'

이런 말 한마디 없이 아버지와 나는 그냥 그 자리를 나와 소견서를 받고 의원을 나왔다. 아버지 차로 집에 오면서

"저게 무슨 소리야?"

하고 묻자 아버지는 별말씀이 없으시다가 잠시 후에

"너 눈 잘 보이잖아?"

하시기에

"응. 잘 보이지."

이렇게 대답했다.

"근데 밤에 잘 안 보이고 계단 내려갈 때 좀 안 보이는 거 같긴 한데, 잘 봐."

"서울에 병원 한번 가보지 뭐."

이런 대화를 하고 일주일 뒤, 서울대 병원에서 치료법이 없고 실명하는 악랄하고 지독한 병에 걸린 사람이라는 확진을 받았다.

덤덤하게

스물두 살 되던 해 2월 엄마가 돌아가셨다. 인생에 가장 만화 같은 일이다. 솔직히 마흔이 다 되어가는 지금도 믿기지 않는 일이다. 엄마가 돌아가시기 전 두 달 동안 혼수상태이셨고, 방학이라 특별히 할 일이 없던 내가 엄마 곁을 지켰다. 그 시간이 아주 좋았다. 뭐가 그리 좋았을까?

엄마는 다시 살아날 수 없음을 알았고 결국 이렇게 혼수상태로 돌아가실 줄 알았지만 그때는 현실을 부정하고 있었다. 그냥 매일 엄마와 계속 함께 있을 수 있고 엄마를 만질 수 있어 좋았다. 다시 일어나서 대화를 나누고 눈을 맞추지 않아도 되니 이렇게라도 계속 살아 계셨으면 했다. 엄마 옆에서 병원 도서관에서 빌려온 책도 읽고 엄마가 부르던 찬송가도 불러 드리고 기도도 하고, 나 혼자 얘기하는 것이긴 해도 엄마와 대화를 하고 그 두 달을 잊을 수가 없다. 대학원에 다니느라 엄마 곁에 같이 못 있었던 큰언니는 여러 가지로 미안한 마음이었던 것 같지만 솔직히 나에게 기회를 주어서 정말 고마웠다. 엄마는 오롯이 나의 차지였다.

　엄마가 돌아가신 후 대학교 근처에서 하던 자취생활을 그만두고 시골로 다시 돌아갔다. 언니들이 결혼하여 혼자이실 아버지와 같이 살기 위해서이기도 하고 3년 자취생활이 많이 외로웠기에 고향으로 가고 싶었다. 아버지는 돌아와 취업도 못 하는 딸을 못마땅해야 하셨지만 말이다.

　그렇게 지내던 와중에 실명의 예고장이 왔다.

　무엇인가에 머리를 얻어맞은 것 같기도 하고 아닌 거 같기도 했다. 당시 의사의 소견에 따르면 시야가 매우 좁아져 있는 상태였지만 시력이 양호한 편이었다. 그것도 오래 버텨주면 좋지만 그렇지 못할 수도 있다. 의사는 삼류 점쟁이처럼 그럴 수도 있고 아닐 수도 있고 당최 모를 소리만 했다. 아무튼 인생 최악의 예고장을 들고 발걸음을 큰언니에게로 향했다.

　솔직히 우리 큰언니에게 푸근함은 없다. 나와 성격도 안 맞고 그렇다. 하지만 엄마가 안 계시는 그때 큰언니에게 뭔가를 바랐나 보다. 당시 언니에게 바란 것은 함께 울어주며, 함께 이겨내 보자 같은 말 한마디였을까? 위로를 바랐던 건지 지금은 잘 모르겠다. 여하튼 큰언니에게 갔다. 언니가 보고 싶었다. 길게 이야기하고 싶었다.

그래서 학교에 근무하는 언니의 퇴근시간에 맞춰 교실로 갔다. 언니는 업무를 마치고 나를 반겨주었다. 병원에서 들은 이야기를 하는데 무척이나 덤덤하게 내 이야기를 들어주었다. 덤덤하게. 그 어떤 위로나 표정의 변화도 느낄 수가 없었다. 그게 너무 서운했다.

'이 언니가 왜 이러지?'

벽에다가 떠들고 있는 것 같았다. 한참 시간이 흐른 후에 큰언니에게 너무 서운했다고 언니가 미웠다고 언니에게 못된 소리로 막 퍼붓기도 했다.

큰언니는 책임감이 강한 사람이다. 그런데 나보다 여리다. 재미는 무척 없는 사람이다. 그렇지만 속이 착하다는 건 안다. 책임감 때문인지 재미없는 성격 때문인지 언니는 내가 힘들 때마다 듣기 싫은 최악의 말만 골라 했다. 지금 생각해 보면 철부지 막내에게 엄하게 그리고 정확하게 현실을 직설적으로 말해주고 싶었던 것 같다. 그리고 본인까지 감정에 치우치면 동생이 더 힘들어 할까 싶어 그런 것이다.

최근 들어서야 언니가 조금씩 이해가 된다. 사람의 생각은 다양하고 내 생각만이 정답이 아니라는 누군가의 말을 가슴 속 깊이 느끼기 시작하면서 알게 된 것이다. 어떤 사람이 나를 서운하게 하려고 한 것이 아니며, 내가 원하는 방식은 아닐지라도 마음만큼은 나를 위하고 있는 말이라는 것을. 아직도 많이 어려운 인생의 한 부분이다.

그날 큰언니에게 내가 원하는 위로는 받지 못했지만 마음이 더욱 단단해진 건 사실이다. 기대고 싶었던 큰언니의 덤덤한 반응에 나도 모르게 새로운 인생을 덤덤하게 받아들이기 시작한 것 같다. 울고 우울할 시간이 없다. 인생은 흘러가니까. 이런 식상하지만 결코 틀리지 않는 꼰대같은 말이랄까. 감정은 잠시 내려 두고 현실 속의 나를 바라보기 시작했다.

04 진지한 고민

대학교 4년 동안 진로를 정하지 못했다. 토익 점수는 600점대이고 학교만 열심히 다닌 결과, 졸업 학점은 4.0이 조금 넘지만 이렇다 할 스펙이 전혀 없었다. 게다가 어떤 일을 하며 먹고 살지 어떤 일을 하고 싶은지도 전혀 정하지 못했다. 그러다 3학년을 마치고 겨울방학에 틈틈이 모아둔 용돈으로 노량진에 있는 9급 공무원 학원을 등록했다. 그냥 그랬다.

언니가 두 명이다. 모두 공립학교 교사다. 그렇다 보니

'나도 공무원이나 해볼까? 하다 보면 되겠지!'

하지만 이건 아니었다. 목표의식이 없었다. 무엇을 하든지, 내 안에서 고민하고 결정하는 과정이 어느 정도는 있어야 하는데 솔직히 그렇지 않았다. 자신에 대해 고민을 하지 않은 채 그저 남들이

하는 대로 아무 생각 없이 따랐다.

'내가 좋아하고 관심 있는 일이 뭘까?'

'현재의 내가 해낼 수 있는 일이 뭘까?'

'이 일을 통해 해보고자 하는 일이 뭘까?'

이런 고민이 없었다. 어떤 것이라도 목표의식 없이 하는 일들은 그 끝이 보이지 않고 점점 과정이 흐려진다. 공무원 공부도 그렇게 시작했다. 공무원이 꼭 되고 싶다고 생각을 해본 적이 없었다. 그저 남들이 하고, 공무원이 좋다니까 나도 한번 해보자는 생각으로 시작했다. 이러니 무슨 의지가 있었겠는가! 애초에 흥미도 전혀 없는 공부를 한다고 했으니 처음부터 잘못 끼워진 단추였다. 정말 바보 같은 시간을 보냈다.

눈에 문제가 있다는 것을 알고 나서 공무원 공부에 더욱 집중하지 못했다. 가족들에게는 공부한다고 하면서도 멍하게 지냈던 것 같다. 열정이 없는 자에게는 결실은 없다. 그런 시간이 꽤 지나고 이렇게 살다가는 아무것도 아닌 사람이 되겠구나 싶었다. 공부도 잘하고 성실한 언니들에게는 늘 한참 못 미치는, 뭐랄까? 늘 우리 집의 천덕꾸러기 같은 느낌으로 살았던 것 같다. 공부는 중간 정도였고 성격도 늘 언니들에 비해 부족한 막내였다. 이대로 살다가는 정말 집안의 핵폭탄이 될 것 같았다. 늘 부족하고 철없는 나지만 그래도 한 번 태어난 인생이니 언니들만큼 인정받는 사람은 못 되더라도 스스로 밥은 먹고 살 정도로 독립된 삶을 살아야 하지 않겠는가! 끊임없이 잠을 설치며 진로를 어느 때보다 진지하게 고민하기 시작했다. 그 시점은 공교롭게도 흥미 없던 공무원시험에 지쳐가던 시기 그리고 눈에 치명적인 문제가 있다는 것을 알게 된 시기와 맞물려 있었다.

05 저 장애인이에요?

치료법이 없는 희귀질환 환자인 나는 눈이 더 나빠지지는 않는지 확인하기 위해 1년에 한두 번 정기적으로 병원 진료를 보기 시작했다. 그러던 어느 날 여느 때처럼 정기진료를 갔는데 담당의사가 바뀌어 있었다. 새로운 의사는 좀 특별했다. 전 의사와는 달리 진료실 문 앞에서부터 에스코트하듯 진료할 의자까지 안내를 해주었다. 그리고 본인 자리로 가서 다정한 인사로 진료를 시작했다. 대형병원 의사에게서는 처음 느껴보는 친절함이라 무척이나 어색했다. 그 어색함에

'이건 뭐지?'

하고 생각하며, 질문에 단답형으로 조금은 냉랭하게 대답했다. 그는 정말 이상했다. 눈을 살펴보더니 물었다.

"안경은 어떤 거 쓰세요?"

"그냥 안경점에서 해주는 대로 썼어요."

하니 의사는 교정시력을 최대한 높게 쓰지 말고 좀 흐리게 보이더라도 도수를 좀 약하게 쓰는 것이 좋다며 서랍을 열어 안경점 아저씨처럼 여러 렌즈를 씌워주었다.

이런 저런 얘기를 하다 그는 물었다.

"장애 등록은 하셨어요?"

'장. 애. 인? 와우!'

속으로 놀라며 되물었다.

"저 장애인이에요?"

물음에 의사는 살짝 당황하며 조심스럽게 말했다.

"아직 교정시력이 나오시니까 장애인 등록 안 하시고도 생활에 큰 문제는 없으시겠지만 등록하시면 혹시 있을 수 있는 혜택이나 도움을 받으실 수도 있으니까요."

그날 알았다. 내가 장애인 그것도 시각장애인이라는 것을. 시각장애인은 TV 드라마나 전철에서 구걸하는 분, 학창시절 봉사활동 가서 본 분들 정도가 다였다. 그런데 내가 시각장애인이란다. 기가 막혀 말도 안 나오고, 완전 얼음이 되어버렸다. 마치 우주 어딘가에 붕 떠 있는 듯 몽롱해졌고 막연히 두려움이 밀려오기 시작했다.

혼돈의 진료 끝에 의사의 소견서와 결과지를 잔뜩 들고 집에 왔다. 장애인 등록을 위한 서류들이다. 단순히 병이 있는 환자와 질병으로 인한 장애인의 차이는 뭘까? 그저 희귀 안과 질환을 가진 사람일 뿐이라 생각하다가 질환으로 인해 장애인이 되었다는 것을 아는 순간, 그 차이가 엄청남을 느꼈다.

'왜일까?'

세상에 못 고치는 병은 많다. 흔하게 고혈압, 당뇨병도 못 고치는 병 아닌가. 그럼 장애인이라고 인정하는 기준은 뭘까? 우리 사회에서 그저 고치지 못하는 만성 질환을 가지고 있다고 말하는 것과 그로 인해

'저 장애인이에요.'

라고 말하는 느낌은 좀 다르다고 생각한다.

장애인, 장애인이라. 그때까지 장애인과 가장 직접적으로 부딪친 일은 고등학교 때 발달장애인들이 생활하는 곳에 가서 봉사활동을 한 것이 다였다. 그 경험의 기억은 지금도 강렬하게 남아있다. 연세가 많으셨고 말도 잘 못 하셨으며, 몸도 잘 못 가누시는 분들이었다. 목욕을 돕는 봉사활동이었는데 욕실에 친구와 들어가서 순서대로 목욕을 시켜 드렸다. 간혹 이상한 소리를 반복적으로 내시기도 해서 욕실 안에 크게 울렸는데, 무섭기도 하고 힘들기도 하고, 정신없이 봉사활동을 마쳤다. 무척 힘들어 다음날 하루 종일 누워 있었다. 그 외에 주로 장애인을 접한 기억은 전철이나 시골 장터에서 구걸하는 장애인을 본 것이 전부이다. 그때까지 장애인은 그다지 좋은 이미지는 아니었다. 그것도 가끔 접할 일이 있을 때나 생각하는

것이지 평소 대부분 시간은 장애인에 대해 생각해 본 적이 없다.

　장애인. 우리 사회에서 장애인이라고 하면 좀 특별한 사람으로 생각되는 경향이 있다. 솔직히 나도 그랬다. 신체적이나 정신적으로 문제가 있어 쓸모없는 사람이고 도움을 받아야만 겨우 살 수 있는 사람으로 생각했다. 그렇기에 국가에서 장애인으로 인정해준다는 것은 그 어떤 인정보다 받고 싶지 않은 인정이었다.

　의사는 지금의 눈 상태를 유지할지에 확신이 없어 장애인으로 등록하는 것이 도움이 되리라 생각하여 말을 해 준 것이다. 진료실에서 의사의 진심을 실은 모르지 않았으나 마음 한구석에서부터 밀려오는 서늘함은 나도 어쩔 수 없었다.

　큰 고민에 빠졌다. 미래를 심각하게 고민하게 되었다.

'장애인 등록? 해야 할까?'

　아버지는 지금 시야만 좀 좁아져 있지 시력은 괜찮으니 장애인 등록은 천천히 해도 된다고 하셨다. 하지만 난 깊게 고민할 수밖에 없었다. 과연 어떤 선택이 옳은 일일지 말이다. 눈이 지금 상태 정도만 유지가 된다고 확실하다면 무조건 장애인 등록을 하지 않을 것이다. 하지만 미래는 아무도 모르는 상황이다. 최악은 완전 실명. 그럼 남은, 아주 많이 남은 인생을 어떻게 살아야 할까?

06 훗날을 위한 선택

　　인천에 사는 작은 언니네가 강화도로 발령이 났다. 덕분에 처음 강화도에 가 보았다. 고민을 너무 하다 보니 우울하기도 하고, 언니한테 계속 징징대니 강화도에 와서 바람도 쐬고 기분 전환 하라며 오라고 했다. 직장 다니느라 피곤할 텐데 마음 써 준 언니가 고마웠다.

　　원래 운전을 안 하던 언니는 강화도에서 출퇴근을 위해 운전면허를 취득했다. 원체 운동신경이 없는 언니라 잘할지 걱정도 했지만 생각보다 잘했다. 하루는 언니와 둘이서 강화도 드라이브를 했는데 그래도 아직 서툰 운전이라 거의 직진만 했다. 가던 길에 동막 해수욕장이 나와서 바다도 볼 수 있었다. 겨울이 다가오는 계절이라 해수욕장은 쓸쓸해 보이기도 했지만 그 바다 풍경이 지금도 마음에 남아 있는 걸 보면 위로를 받았나 보다.

"언니, 어떻게 하는 게 좋을까?"

반복되는 질문에 언니는 한 번도 짜증을 내지 않았다.

성격에 집요한 면이 있다. 문제 해결이 되지 않으면 좀처럼 그 문제를 내려놓지 못하고 자신을 들볶는다. 그런 나를 아는 언니는 너무 스트레스받지 말라고 눈에 더 안 좋다며 급하게 마음먹지 말자고 늘 말해 주었다. 덕분에 강화도에 가 있는 시간 동안 비교적 마음을 비우고 편하게 휴식을 취할 수 있었다.

일상으로 돌아온 후, 전보다 좀 더 용기 있게 도전해 보기로 했다. 장애인으로 등록하기로 했다. 현재 상태는 양호하지만 미래를 길게 보았을 때 안과 질환이 진행성이라는 것. 아직 다가오진 않았지만 지금부터 조금씩 준비해 나가는 것이 나에게 도움이 되리라 판단했기 때문이다. 사실 안과 질환을 알고 나서야 내가 왜 그렇게 행동했었는지 알게 된 것들이 많다.

야맹증. 대부분 야맹증은 비타민 A가 부족해 생긴다고 알고 있지만 그렇게 영양소가 결핍되어 야맹증이 생기는 일은 흔한 일은 아니었다. 그리고 좁아진 시야였다. 어려서부터 이상한 일들이 있곤 했다. 초등학교 친구들과 발야구를 하는데 멀리서 오는 공을 분명히 보았음에도 꼭 헛발질해서 아쉬워했던 일, 앞에 물이 담긴 컵을 보았는데도 기가 막히게 그걸 발로 차버리는 일, 계단을 내려갈 때 계단이 무섭게 느껴져 고개를 푹 숙여 조심히 다녔던 일, 식탁에 매일 부딪힌 일 등등. 기억을 더듬어 보니 너무 많다.

그중에 매우 위험천만한 일도 있었다. 사실 난 운전면허증이 있다. 대학교 2학년 때 취득했다. 지금 생각하면 아찔한 일이지만 운전 실습할 때 나는 보지 못했는데 운전실습 선생님이 왜 그러냐며 길 밖으로 떨어질 뻔했다고 야단을 친 적이 있었다. 영문을 몰라 선생님이 이상하다고 생각했다. 잘 가고 있는데 괜히 난리라고 말이다. 근데 아니었다. 내가 보지 못하는 세상이 있었던 것이다.

주로 덜렁대서 생기는 일들이라고 생각했고 누군가가 구박하면 대수롭지 않게 넘기고 말았는데, 실은 시야가 좁아져 전부를 보지 못하여 생긴 일이었던 것이다. 이런 상황을 보았을 때, 안과 질환을 밝히고 살아가는 편이 좋으리라 판단했다. 다른 사람에게 피해를 주어도 일부러 그런 것이 아니라는 것. 또 꼭 피해를 주지 않더라도 나의 다른 행동에 대해 원인을 알려 주는 것이 마음 편하게 살 수 있는 길이라 판단했다.

그리고 더 중요한 것은 취업이었다. 직장생활을 하면서 질환과 상태를 오픈하고 적합한 직무로 일을 하는 것이 나에게도 좋고 고용하는 사람들에게도 좋을 것이다. 사실 그 어떤 것보다 이 점이 장애인 등록을 하게 된 결정적인 이유였다. 하지만 그때 너무 가볍게 생각한 사실이 있었다.

'진행성.'

당시 눈 상태는 교정시력 0.7에 시야가 좀 좁아진 정도의 경증

상태였다. 미래를 생각한다고 했지만 정말 더 눈이 나빠졌을 경우의 수를 좀 더 깊게 생각하지 못했다. 좁아진 시야만 생각하고 시력이 더 나빠지리라는 것을 고려하지 않았다. 왜 그랬을까? 시각장애인으로 사는 방법을 전혀 고려하지 않고 무작정 덤비기만 했다. 병의 특성을 좀 더 이해하고 나와 같은 사람들이 어떻게 사는지도 좀 알아보고 했으면 더욱 좋았겠다는 생각이 든다.

    그렇지만 후회가 되는 것은 아니다. 장애인의 삶으로 들어가면서 약간의 시행착오를 한 것뿐이었고, 누구에게나 있는 그런 경험은 사는 데 도움이 된다.

07 두 번째 신분증

새로운 시작을 알리는 봄이 왔다. 봄 햇살을 받으며 동사무소에 가고 있었다. 복지카드가 나왔다고 연락이 와서 받으러 가는 길이다. 내 뒤로 다섯 걸음 뒤에 아버지가 따라오신다. 이 동네로 이사 온 지 2년이 되었는데 동사무소는 병원에서 준 서류 등록할 때를 포함해서 세 번째 방문이다. 좁아진 시야 탓에 갈 때마다 바로 옆에 있는 도서관이랑 위치가 헷갈린다. 오늘은 건물 위치를 잘 구분할 수 있는지 몇 걸음 뒤에서 오시는 아버지가 봐주실 것이다.

동사무소에 들어서서 복지과로 향했다.

"복지카드 찾으러 왔어요."

직원은 바로 두 번째 신분증을 안겨준다. 달리 할 말도 없는 단순한 과정이나 뒤를 따라오시던 아버지에게는 그렇지 않은 모양이다. 복지카드를 받고 돌아서는데 아버지는 복지과 직원에게 가서는 근심 가득한 표정으로 한마디 하신다.

"에휴, 잘 나온 거요?"

"이런 거 안 받으면 좋은 건데."

하며 몇 마디를 하신다. 직원은 친절하게 웃으며 대답한다.

"네. 잘 나왔습니다."

아버지 마음은 안다. 세상 어느 부모가 자식이 장애인 등록증을 받아 나오는데 아무렇지 않을 수 있겠는가! 나는 계속 괜찮다며 현실을 받아들이고 살아보겠다고 아버지께 말했다. 원체 철없는 막내라 못 미덥고 걱정만 되시는 아버지는 내 말에도 불구하고 짙은 한숨만 내쉬셨다.

나의 두 번째 신분증. 운전면허증이 있기는 하지만 무용지물이니 이것이 진정한 두 번째 신분증이다. 복지카드에는 이름, 주민등록번호, 장애 유형과 등급, 사진 그리고 뒷면에 거주지와 우리 집 전화번호, 장애인 등록일자가 적혀 있었다. 주민등록증과 비교해 보며 아버지한테 이렇게 생겼다고 얘기를 하는데 그때도 아버지는 나에게 근심 어린 눈빛만 보내셨다. 뭐 어쩌겠는가! 장애를 오픈하고 살아가는 일이 앞으로 살아갈 인생에 어떤 영향을 줄지 나도 모를 일이지만 인생이란 거 뭐 뜻대로 되는 것도 별로 없는데 걱정하기도 싫어졌다.

어쩌려고 혼자 다녀?

08 떨림과 설렘

봄을 좋아한다. 지금은 말이다. 하지만 학창시절에는 봄을 싫어했다. 늘 걱정이 앞서고 긴장을 많이 하는 성격 탓인지 새로운 출발 새 학기에 대한 설렘은 한 0.1%뿐이었고, 긴장되고 어색하기만 해서 봄은 참 힘든 계절이었다. 뺨을 차갑게 스치고 지나가는 3월의 공기가 무척이나 싫었다.

나이가 들면서 봄기운을 조금씩 알아가기 시작했다. 20대부터였던 것 같다. 불확실하고 두려운 미래는 마찬가지였지만 그래도 막연하게나마 무언가를 할 수 있을 것 같은 희망이 생겨나기 시작했다. 떨림과 설레는 희망과 기대의 계절 봄. 장애인으로서 취업하기로 마음먹은 계절이 바로 봄이었다.

인터넷에 장애인 취업이라고 검색을 하니 워크투게더라는 사이트가 나왔다. 들어가 보니 장애인 취업포털사이트. 빙고! 제대로 들어온 것 같다. 인터넷 검색할 때 좀 단순하다. 원하는 것이 나오면 그것만 돌진해서 본다. 다양성이 떨어진다고나 할까. 사이트는 마음에 들었다. 장애유형과 원하는 직종, 근무지역 등에 따라 구직을 검색할 수 있게 되어 있었다. '시각장애' 그리고 '사무직'이 포함된 직종에서 검색 엔터! 이렇게 검색을 했다. 그런데 '검색내역이 없습니다.'

젠장 이젠 검색도 못 하나 성질을 내며 다시 검색을 해봐도 마찬가지였다.

'뭐지?'

혹시나 싶어 다른 장애유형으로 검색하니 무지하게 많이 뜬다.

'아, 시각장애인이 할 수 있는 일이 별로 없나?'

검색을 잘 못해서 그런 건지 시각장애유형으로 검색해서 얻을 수 있는 구직구인의 정보는 많지 않았다. 다른 사이트는 장애인 구직을 알아보기가 어려웠기에 이 사이트를 무식하게 계속 두드려 보기로 했다. 두드리다 남은 시간에는 이력서와 자기소개서를 다듬었다. 이틀 뒤인가 검색을 하니 두 개가 떴다. 두 개가 모두 콜센터였다. 그 중에 마음에 들어온 것은 병원이었다.

'병원 콜센터!'

업무가 전화 예약이라고 되어 있었다. 참 예민하고 조심스러운 것 같으면서도 아닌 내 성격. 마음에 드는 게 이것밖에 없는데 넣어 보자! 그동안 써 놓은 이력서와 자기소개서를 좀 수정했다. 병원 홈페이지에 들어가 어떤 병원인지 알아본 후 병원을 마치 이미 알고 있었던 것처럼 몇 마디를 덧붙이고 콜센터에 내가 적합한 인재라는 말들을 추가하여 이메일로 보냈다. 하고 싶은 일인지에 대한 생각보다는 시각장애인에게도 기회가 주어진 일이니까 한번 도전해 보자는 심정이었다.

이메일을 보내고 나서 콜센터니까 앉아서 전화만 받을 테고 돌아다니지 않을 테니 사고는 치지 않겠군 하고 생각했다. 지금에 와서 보니 장애인이 취업하는 데는 인터넷으로 구직을 할 수도 있지만 한국장애인고용공단에 문의해서 취업훈련과정을 통해 기업에 취업할 수도 있었고 다른 방법도 얼마든지 있었다. 그런데 초짜 장애인 주제에 정보를 충분히 알아보지도 않고 단순하게 취업의 문을 두드렸던 것 같다.

시각장애인 직업군은 엄청나게 많지는 않지만 제법 다양한 직종에서 일하는 사람들이 있다. 교사, 공무원, 사회복지사, 도서관 사서 등을 예로 들 수 있다. 하지만 그래도 아직 시각장애인 근로자의 가장 큰 부분을 차지하는 것은, 직업을 통해 삶을 영위하기 힘든 시각장애인들을 위해 국가에서 만든 유보직종인 안마사다. 예전에는 시각장애인 안마사가 불법 시술소에서 주로 일했기에 음지에서 일한다는 부정적인 이미지가 많았지만 최근 들어 분위기가 많이 변하고 있다. 건전 안마원 그리고 기업에서 직원들의 건강을 위해 고용된 헬스 키퍼로 일하는 시각장애인이 더 많다.

그런데 이런 안마사는 한국장애인고용공단이나 워크투게더 같은 사이트에서는 구직을 알아볼 수 없다. 안마사 구직을 한국장애인고용공단에서 시각장애인 복지관에 위탁하여 운영하기 때문이다. 시각장애인의 직업생활에 대해 전혀 아는 것이 없던 나는 시각장애인이 가장 많이 종사하는 업종이 안마사인 것도 몰랐다. 너무 아는 것 없이 장애인으로 구직을 시작한 것은 아쉬우나, 그래도 그때는 장애가 경증이었기에 고민 없이 콜센터에 지원을 했다.

09 첫 도전

이력서를 보내고 다음 날 전화가 왔다. 한국장애인고용공단이라면서 이력서 확인했다며 이력서의 내용을 몇 가지 확인했다. 장애등급과 실제 어느 정도 보이는지 등이었다. 그리고 연락을 주겠다고 하였다. 전화를 받고 조금 어리둥절했다. 워크투게더라는 사이트를 통해 사이트에 나온 메일로 이력서를 보냈기에 병원 인사과에서 전화가 올 줄 알았기 때문이다.

전화가 있고 3일 뒤인가 다시 공단의 직원이 전화를 주었고 서류 합격을 하였다며 면접 날에 만나자고 하였다. 왜 면접장소로 가면 되는데 이 사람이 같이 가나? 도무지 상황 파악이 되질 않았다.

면접 당일, 병원근처 전철역에서 공단 직원을 만나 면접 장소로 함께 갔다. 이런 과정에 대해 처음이었고 알지 못하는 상황이라

낯설었지만, 한국장애인고용공단에서 운영하는 워크투게더라는 취업포털을 통해 구직을 원하는 장애인들을 도와주는 취업 알선 서비스였다. 구직 중인 장애인은 물론, 갓 학교를 졸업하였거나 졸업 대상인 장애학생을 대상으로 구직 신청을 등록하고, 이들을 장애인 채용을 희망하는 구인처에 알선하여 취업으로 연결해 주는 서비스를 하고 있었던 것이다.

동행한 공단 직원은 인사과 직원에게 나를 소개하며 잘 부탁드린다고 인사까지 해주었다. 그 공단 직원도 이력서만 보고 면접 날 본 것이 첫 만남인데, 나를 지지해주는 듯 인사과 직원에게 말해 주는 것이 이상하기도 하고 고맙기도 하고 긴장감이 조금 줄어드는 느낌도 있었다.

드디어 면접 시작! 면접을 보는 사람은 총 세 명이었고 그중 두 명을 뽑는다고 하였다. 한 명씩 들어가는 방식이었다. 면접에 여러 명이 들어가면 더욱 긴장하는 타입이었기에 다행이라 생각했다. 면접관은 두 명이었다. 인사과 부장과 담당부서 팀장이었다. 질문은 다행히 예상한 대로 자기소개와 본인의 장단점을 소개하라는 것이었다. 준비해 온 질문이라 잘 대답하였다. 다음은 병원근무와 전화 예절 등 직무와 관련된 질문이었다. 그 질문도 어느 정도 예상하였기에 잘 넘어갔다. 그리고 드디어 마지막 질문! 지원하면서의 포부나 생각을 물었는데, 여기서 정말 자신도 전혀 예상하지 못했던 모습을 보이고 말았다. 그것은 바로 면접관들 앞에서 울먹였다는 것이다. 젠장!

"장애인이 되고 처음 지원하는 일입니다. 다시 새로운 인생을 살아가는 ……"

잘 기억이 나진 않지만 그렇게 말하면서 울먹였다. 어머나! 지금 다시 생각해도 얼굴이 화끈거릴 만한 일이다. 장애인으로 처음 도전하는 일이고 새로운 도전이기에 최선을 다하고 싶다고 말하면서, 눈물인지 콧물인지 아니면 둘 다였는지 손으로 훔치며 꾸벅 면접관에게 인사를 하고 나왔다. 나는 확신했다.

'젠장, 떨어졌다!'

왜 우냐는 말이다. 그 순간에 울컥하는 것은 뭐냔 말이다. 제일 싫어하는 모습이기에 그런 내가 너무 싫었다. 더 씩씩하고 과감하고 자신 있게 면접을 보고 싶었는데 망했다. 장애인이 되고 첫 도전이라고 받아 달라고 하는 듯 구걸을 하고 나온 것 같아 마구 자존심도 상하고 미쳐버릴 것 같고 내가 싫었다.

마치고 나오니 공단 직원이 마지막으로 면접을 본 나를 기다리고 있었다. 면접이 모두 끝나고 공단 직원 그리고 같이 지원한 사람들과 함께 전철역까지 동행 후 헤어졌다. 헤어지고 혼자 오면서 너무 아쉬웠다. 속상하기도 하고 그런 꼴을 보인 모습이 신기하기도 하고 어처구니없기도 하고 계속 얼굴이 붉어 있었다. 전철을 타고 한두 개역 정도 갔을 때 전화가 왔다. 아까 그 공단 직원이다.

"많이 가셨나요? 합격하셨어요! 멀리 가지 않으셨다면 잠깐

뵙고 가실 수 있나요?"

'헉!'

놀랐다. 붙었다니! 붙은 것도 신기하고 바로 합격자를 발표하는 것도 신기하고. 대기업 면접도 아니니 그럴 수 있겠지만 …… 공단 서울지사가 종로 쪽에 있었다. 방향을 바꿔 종로에 가서 직원을 다시 만나 서류를 작성했다. 직원은 축하한다며 일하면서 힘든 일 있으면 연락하라고 명함을 주었다. 점자가 있는 명함이었다. 점자 명함을 처음 본 나는 신기하여 만지작거리며 공단 직원에게 감사 인사를 하고 집으로 왔다.

집에 오자마자 침대에 발라당 누워 멍하게 있었다. 모든 일이 열흘도 안 되는 기간에 일어난 일이라 너무 순식간의 일이라 무슨 일이 있었는지 뭘 해야 하는지 멍해졌다. 장애인으로 구직을 해 보겠다며 장애인 등록을 하고 구직을 하고, 이 모든 상황이 솔직히 쉬운 일은 아니다. 우리 사회에서 학력과 스펙으로 인정받는 직업을 갖는 것은 모두가 원하는 일이다.

"성공했구나!"

"수고했다!"

축하와 찬사와 부러움 등의 말들은 주인공을 더욱 빛내 줄 것이다. 그런 것에 비해 이 과정은 별것 아닌 것으로 생각될 수 있다. 하지만 난 그렇게 생각하지 않았다. 장애라는 상황을 인정했다. 여전히 우리 사회에는 많은 편견이 있고, 숱한 편견 속에 강제로 신분이 바닥까지 떨어진 듯한 느낌과 필연적으로 따라오는 막연한 두려움. 그 모든 것을 인정하고 받아들이고 있었다. 피하고 싶지도 않았고 피할 수도 없는 것이었다.

옳은 선택인가? 어떻게 해야 할까? 누구에게 도움이나 조언을 얻어야 하는지 아무것도 모르고 그저 무언가 해보겠다는 의지로만 도전한 일이다. 물론 고민도 했지만 뭐라도 일을 하고 싶었기에 무작정 마구 덤벼든 이 모든 과정. 인생에 큰 일 중 하나였다. 저녁에 아버지께 취업이 된 일을 말씀드리니 축하보다는

"할 수 있겠냐?"

근심 어린 눈빛과 걱정만 한가득이셨다.

두둥두둥

합격 후 바로 다음 주부터 출근을 했다. 두둥! 너무나도 긴장되었다. 어떤 일들이 일어날지 마음이 떨려왔다. 워낙 겁이 많고 조심스러운 나의 심장 속에는 설렘, 기대감, 두려움, 긴장감 등등 온갖 감정의 덩어리들이 마구 요동치고 있었다. 별 것 아니다, 누구나 겪는 흔한 일이다, 너무 긴장할 필요 없다며 자신을 진정시키려 해도 귓가에 맴도는 두둥두둥 소리는 좀처럼 가시지 않았다. 심장에서 나는 소린지 고막에서 나는 소린지 구분할 수 없었고, 아니 구분할 생각조차 할 수 없었다. 그저 마치 물속에서 어렴풋이 상대의 뒷모습만 간신히 알아보듯 안내자의 뒤를 따랐다.

첫 출근 날 일단 인사과로 갔다. 인사과 직원이 근무부서로 안내해 준다고 하였다. 인사과 직원은 여자였는데 직책은 주임이었다. 이미지는 겉으로는 친절한 듯하나 친절한 것 같지 않은, 따스한 듯 따스하지 않은 그녀의 첫 이미지와 닮은 4월의 어느 날이었다. 아직은 차가운 아침 공기에 새로운 곳에 대한 긴장감이 더해지면서 몸이 바스스 떨려왔다. 병원 구조는 복잡했다. 건물이 여러 동이라 더욱 그렇게 느껴졌다.

드디어 근무부서인 콜센터 입성! 문을 열고 들어가니 사무실은 15평이나 될까. 그다지 넓지 않은 공간에 전화를 받는 직원들이 다닥다닥 붙어서 전화를 받고 있었다. 사무실 가장 안쪽에 면접을 보았던 팀장의 자리가 있었다. 인사과 직원이 인사를 하자 밝게 웃으며 직원과 나를 반겼다. 콜센터는 크게 두 가지 업무로 예약실과 교환실로 운영되고 있었다. 교환실은 아침 7시부터 예약실은 아침 8시부터 운영이라서 9시가 넘어 도착한 나는 바쁘게 전화받고 있는 사무실 직원들과는 바로 인사하지는 못했다.

팀장과 사무실 밖으로 나가 면담을 했다. 면접 볼 때 울컥하는 모습이 너무 안쓰럽고 가슴이 아팠다며 함께 일하게 돼서 본인 마음이 다 행복하다고 말했다. 그리고 잘해 보자고 하였다. 완전 싫었던 울컥한 그 모습이 오히려 플러스였나 보다. 그리고 팀장은 계속 말을 이었는데 자신은 원래 대학의 간호학과를 나와 이 병원 간호사로 일하다 전산팀 팀장으로 일했었고 최근에 이곳 콜센터로 옮겼다고 했다. 자신의 머리가 매우 좋고 엄청나게 일을 열심히 했다고 어마어마하게 본인 자랑을 첫날부터 늘어놓으셨다.

그러더니 갑자기 소곤거리며 이야기했다. 콜센터에 4년제 대학 나온 사람은 자기와 나 둘뿐이라는 것이다. 21세기에 좀처럼 듣기 어려운 이야기를 하면서 나와 같은 대학 나온 사람들이 이 병원에 많다고 말하고는 싱긋 웃어 보였다. 첫날이라 긴장도 하고 팀장이라 어렵기도 해서 말의 의도를 파악할 눈치는 없었다. 더구나 사회 경험이 많지 않았기에 팀장이 그런 이야기를 하는 이유를 전혀 생각하지 못했던 것이다.

출근 첫날부터 업무교육을 시작했다. 부서에는 팀장과 대리가 두 명, 주임이 한 명이었다. 그중 한 명의 대리에게 교육을 받았다. 교육 내용은 특별히 어렵거나 복잡한 것 없어 순조롭게 진행되었다. 몇 주간은 주로 중요 내용을 메모하면서 통화 내용을 청취했다.

그리고 셋째 주부터 대리가 통화 내용을 함께 들으며 직접 전화를 받았다. 무척 떨렸지만 나름 재미있었다. 병원 예약이라는 것이 고객이 원하는 진료과에 단순히 예약만 해주면 되지 않나 생각했었는데 그렇지만은 않았다. 각 질환별로 진료과를 예약하는데, 그 질환에 해당되는 진료과임에도 진료가 가능한 의사가 있고 그렇지 않은 의사가 있어 각 질환별 진료 가능 의사를 숙지하고 있어야 했다. 또 한 날에 두 번의 진료를 보는 고객의 경우 어떤 진료과목은 두 진료 중 필히 먼저 보아야 하는 경우가 있어 진료시간을 잘 조정해야 했다. 그리고 병원을 옮겨서 오거나 초진일 경우, 소견서를 받으러 오는 고객 등에게 각각 구비 서류를 필히 안내해야 했다.

이런 안내보다 힘든 것은 불만이 있는 고객을 대하는 것이었다. 가장 큰 문제는 예약해도 대기시간이 꽤 걸릴 때면 고객의 불만을 들어야 했으며, 예약이 빨리 마감되는 인기 의사의 경우 예약이 불가함에 따라 고객 불만이 쇄도했다. 때로는 간호사실에서 전달이 잘못된 내용에 대하여 예약실에 전화해서 불만을 터트리는 고객도 있었다. 간호사들 앞에서는 하지 못한 불만을 전화로 터트리는 경우도 많았다. 이렇듯 여러 어려운 점도 있었지만 일에 있어서만큼은 나름 재미있게 잘해 나가고 있었다. 주어진 일을 성실하고 성의 있게 하다 보니 금방 능숙해졌고 능숙해지니 나름의 즐거움을 느끼며 일할 수 있게 되었다.

그러나 즐거움은 생각보다 오래가지 못했다. 직장생활이라는 것이 일만 열심히 하면 되는 것이라면 얼마나 좋을까. 여느 곳에서 여느 사람이 그렇듯 나 또한 오래지 않아 생각도 못 했던 고난의 순간을 직면하게 되었다. 교육이 끝나고 독립하여 전화를 받기 시작했고 그와 동시에 미처 감지하지 못했던 사무실 내의 묘한 분위기를 마주하기 시작했다. 지금껏 겪어 보지 못한 묵직한 공기였는데 입사 첫날과는 다른 종류의 두둥 소리가 들려오기 시작했다. 백만 대군의 거친 말발굽 소리가 땅을 흔들며 몰려오듯 그 소리는 점점 가까워져 오고 있었다.

⑪ 먹구름이 드리우다

　입사 후 두 달이 수습기간으로 되어 있었지만 한 달도 채 되지 않아 독립하여 본격적으로 실무에 투입되었다. 나름 빠르게 업무를 숙지한 편이었다. 그런 나를 팀장은 기특해 했다. 그러면서 교육 기간 동안 대리에게 배우며 메모하는 것을 보고 그 메모를 문서로 만들어오라 지시했다. 팀장의 명이기에 퇴근 후 집에 가서 열심히 교육 내용을 다시 꼼꼼히 정리했다. 그리고 팀장에게 주었는데 그것으로 인해 직장생활에 먹구름이 드리워질 줄은 전혀 몰랐다.
　꽤 명성이 나 있는 병원임에도 불구하고 콜센터는 소홀히 운영되어 온 탓인지 병원의 역사 못지않게 오래된 콜센터임에도 부서에는 신입직원을 위한 변변한 교육 매뉴얼조차 갖춰져 있지 않았다. 그렇게 허술하게 운영되어 온 부서에 자신의 말마따나 정말 열심히 일하는 팀장이 하필 내가 입사하기 바로 직전에 콜센터로 자리를 옮긴 것이었다. 그래서 나와 마찬가지로 콜센터의 업무를 파악하고 있었다.

정년이 얼마 남지 않아 그래도 업무가 수월한 부서로 병원 측에서 배려차 옮겨준 것이라고 본인은 말했다. 하지만 이 팀장은 본인의 말대로 일을 정말 열심히 하는 사람이었다. 교육 내용을 정리한 문서를 보고 팀장은 주임을 불러 문서를 토대로 교육매뉴얼을 만들라고 지시했다. 그런가 보다 했으나 주임은 그런 나를 미워하기 시작했다. 이제 갓 들어온 신입의 정리본을 토대로 매뉴얼을 만들라고 하니 그 자체로 못마땅했던 것이다.

이후 주임은 전화 업무를 하는 주변에 계속 와서 듣고는 통화가 끝날 때마다 정리한 내용이 잘못되었다고 지적을 했다. 신입인 나로서는 주위를 맴돌며 지적을 하겠다고 독기를 바짝 품은 채, 고객과의 통화가 끝나기만 기다리고 있는 주임이 너무나 부담스럽고 불편했다. 일에도 집중하기가 어려웠다. 통화가 끝나면 역시나 정리본을 가리키며 왜 이렇게 메모했는지 이유를 설명하라고 했다.

'이유라······'

도대체 무슨 이유가 있겠는가! 입사한 지 두 달도 안 된 내가 그렇게 메모한 것은 그렇게 배웠기 때문이고 그 이상도 그 이하도 없었다. 그저 대리한테 배운 그대로 정리한 것뿐인데 뭐가 그렇게 문제인지 정말 혼란스러웠다. 하지만 시간이 지나면서 주임이 왜 그랬는지를 알게 되었다. 나중에 알았지만 나를 교육한 대리는 업무 스타일이 구식이고 바뀐 업무를 잘 숙지하지 못하는 경우가 있어 아래 직원들이 뒤에서 엄청 수군대는 사람이었다. 하지만 경력이 가장 많은 사람이라는 이유로 계속 신입 교육을 맡아서 하고 있었다. 그리고 직원들은 뒤에서만 욕하고 앞에서는 한마디도 못 하는 상황이었다.

주임 또한 대리의 업무 스타일에 아니 무능함에 불만이 많았기에 당사자인 대리에게는 뭐라고 하지 못하고 대신 그에게 교육받은 내용을 숙지하고 정리까지 한 나를 잡은 것이었다. 신기한 일은 대리는 내가 잘못 숙지한 것이라며 자신은 그렇게 가르친 적이 없다거나 기억이 안 난다고 하며 뒤로 빠지는 것이다. 일만 못 하는 것이 아니라 무책임하고 비겁하기까지 한 사람이었다.

이런 상황에서 다른 직원들은 거리를 두기 시작했다. 팀장이 대학 나온 애라고 일도 제대로 못 하는 나를 편애한다고 인식되어 버린 것이었다. 입사 초에 정말 많이 힘들었다. 먹구름이 잔뜩 끼어 있고 높아질 대로 높아진 습도를 온몸으로 머금은 것처럼 어둡고 무거운 몇 개월을 보내야만 했다. 하지만 이것도 과정이라 생각하고 대리, 주임 그리고 직원들에게 좀 더 나를 낮추며 잘못 숙지했다며 더 배우겠다고 하면서 다가갔다.

그런데 그 과정에서 예상치 못한 또 다른 이상기류에 휩쓸리게 되었다. 그저 팀원들과 잘 지내고 싶어 어울린 것뿐인데, 그것이 나에게 무한 신뢰와 기대를 주었던 팀장에게는 마치 내가 팀장을 배신한 사람처럼 되어버린 것이다. 팀장은 부서를 슬슬 휘어잡아 나가려는 과정이었고 자신의 손으로 처음 뽑은 직원인 나를 이용해 기존 콜센터의 문제점을 개선해 나가면서 부서를 장악해 나가려 했다. 그런데 내가 직원들 속에 섞여 잘 어울리는 것을 보며 자기 뜻대로 되지 않는다고 팀장은 생각했던 것이다. 직장생활에 이전보다 훨씬 더 짙은 먹구름이 드리우고 있었다.

12
폭풍우 몰아치고

아부! 남의 비위를 맞추어 알랑거리는 것을 말한다. 아부를 잘하는 것은 정말 대단한 능력이라고 생각한다. 한 사람의 성향을 파악해서 요리조리 비위를 적절히 맞추는 일은 어떤 일보다 어렵다. 그런데 그 일이 사회생활에서는 매우 중요하다는 사실을 이곳에서 배웠다. 손발이 오그라들고 힘들지만 직장생활에 있어서 꼭 필요한 것이 바로 그 '**아부**'라는 것이었다.

어떤 사람들은 태어날 때부터 아부를 가지고 태어났나 싶을 정도로 능숙하게 딸랑거리는 사람이 있는가 하면 반대로 그렇지 못해서 자연스레 조직이나 집단한테서 멀어지는 사람도 있었다. 장애인이 되고 온갖 복잡한 마음으로 들어온 첫 직장에서, 심지어 면접장에서 눈물까지 보이고 들어온 직장에서, 아부를 못 한다는 이유로 나 홀로 돛단배처럼 저만치 밀려나고 싶지는 않았다.

팀장은 아부를 좋아했다. 정말 뭐 저런 말까지 해야 하나 싶을 정도의 빈말에 화색이 도는 사람이었다.

"어머, 팀장님 오늘 옷 너무 예쁘세요!"

"팀장님, 정말 머리가 좋으신 거 같아요. 어떻게 그런 생각을 해내셨어요!"

다 말할 수는 없지만 하여간 엄청 좋아한다. 아! 부! 그런데 내가 그걸 못하는 문제아였다. 슬슬 사무실의 모든 직원이 팀장의 쎈 스타일을 눈치채고 아부를 떨며 시키는 대로 하고 있었는데 난 아무것도 하지 않았다. 눈치가 없었다. 그저 다들 저런 말을 하는 것을 좋아하나 보다 정도로만 생각하고 대수롭지 않게 여겼다. 그런데 팀장이 어느 날

"어쩜, 그렇게 이쁜 말을 할 줄도 몰라?"

라고 말했으나, 큰 의미를 두지 않고 넘겼고 여전히 어떤 반응도 하지 않았다. 돌이켜 생각해 보면 그런 말을 노골적으로 하는 팀장도 정말 대단한 사람이었고, 그렇게 대놓고 핀잔을 들었음에도 아무 눈치를 채지 못했던 나도 참 대단했다. 쌓일 대로 쌓인 팀장은 나를 벼르고 있었다.

병원에서는 직원들에게 여러 필수 교육을 듣게 했다. 그날도 퇴근 후 교육을 들어야 했는데

팀장과 동기 언니가 함께 교육을 들었다. 교육을 마치고 나오

는데 팀장이 우리에게

"병원에서 불우이웃돕기 하는 거 알아? 사람은 베풀면서 살아야 해. 근데 자기들은 불쌍하니까 불우이웃돕기 하라고 강요 안 할게."

말로 한 대 얻어맞았다. 불쌍하다? 병원을 나와서 동기 언니와 나는 근처 카페에 갔다. 동기 언니는 교통사고로 한쪽 다리를 저는 지체장애인이었다.

"우리가 불쌍하다고?"

언니는 불쌍한 장애인이니 불우이웃돕기도 할 필요 없다는 팀장의 발언에 격분하고 있었다. 솔직히 나보고 불쌍하다고 한 사람은 팀장이 처음이었다. 그저 마음만 무거웠다. 동기 언니는 마치 다음 날 출근해서 사무실을 뒤집을 것 같이 분노했지만 사회생활에서 어쩔 수 없는 일이라며 팀장에게 평소보다 더 아부했다. 앞에서는 웃어 보이고 뒤에서는 칼을 가는 언니의 모습은 때로 무섭기도 했다.

그런데 얼마 지나지 않아, 올 것이 왔다. 팀장의 불쌍하다라는 말을 아무에게도 하지 않았는데, 동기 언니는 뒤에서 다른 사무실 언니들과 이야기를 자주 나누었고, 결국 그것이 대리의 귀에 들어갔다. 팀장이 부서를 장악해 나가던 상황에서 슬슬 팀장의 스타일에 불만이 있던 대리는, 병원 노조에 가서 팀장이 장애인 직원들에게 장애인 차별 발언을 했다고 우리를 이용해 문제를 만든 것이다.

정말 그 대리가 싫었다. 우리를 정말 도와주고 싶었다면 그렇게 하지 않았을 것이다. 팀장보다 더 나쁜 사람이라그 생각했다.

장애인 근로자는 병원 노조에 가입대상이 아니었음에도 노조에 가서 면담했다. 정말 팀장이 그랬냐며 힘든 일은 없는지 물었다. 아무 말도 하지 않았다. 팀장은 노조의 주의를 받고 부서에서 조금 조용히 지냈다. 그 조용함은 폭풍전야와 같았다. 그리고 마침내 그날이 왔다. 직장생활에 잔뜩 끼어 있던 먹구름이 천둥과 번개를 동반한 폭풍우로 들이닥치던 날이었다.

병원은 평가인증이라는 것을 받는다. 위생과 안전이 중요한 곳이다 보니 평가인증은 병원 모든 면에서 매우 중요한 일이었다. 평가인증이 있을 때는 평가위원이 며칠 동안 병원 곳곳을 돌아다니는데 우리 부서도 예외는 아니었다. 그리고 머무는 부서마다 직원에게 여러 질문을 던져 숙지 사항을 평가하곤 했다. 내용 중에는 소방·안전에 관련된 것도 있었다.

콜센터는 근무시간이 다 같지 않았다. 7시 출근, 8시 출근, 9시 출근, 10시 출근 이렇게 움직였는데 그날 나는 10시 출근이었다. 사무실 문을 열고 들어가니 팀장이 마치 기다리기라도 한 듯 문 앞에 서 있었다. 사무실은 6층이라 병원 경사로를 따라 1층부터 걸어온 나는 숨을 가다듬으며 인사를 했는데, 팀장은 매섭게 노려보며 대뜸

"우리 부서가 있는 층의 소화기 위치 설명해 봐."

들어오자마자 인사도 안 받고 느닷없이 물으니 당황스러웠지

만 평가인증을 위해 숙지하고 있었기에

"수술실 옆에 있어요."

라고 대답했다.

"수술실? 수술실 옆이 어디야?"

"네?"

우리 부서 층에는 병원 의료진만 드나드는 수술실 출입구가 있었다. 수술실 옆이라 함은 문을 바라보고 오른쪽 아래였다. 긴 설명이 필요 없는 위치였다. 위치를 어떻게 더 설명해야 하나 고민하는 틈을 비집고 팀장은 기다렸다는 듯이 몰아붙이기 시작했다.

"그럼 소화전은 어디 있어?"

"수술실 옆이요."

"뭐? 할 줄 아는 말이 수술실 옆 밖에 없어? 제대로 알기는 하는 거야?"

소화전은 수술실 출입구를 바라보고 오른쪽 그러니까 소화기 바로 옆 벽에 있었다. 하지만 팀장의 폭풍 같은 몰아붙임에 어안이 벙벙해져 더는 아무 말도 못 했다. 팀장은 전화를 받는 곳임을 잊었는지 점점 더 볼륨을 높여 더욱 거친 말폭탄을 쏟아냈다. 그랬다. 세월이 많이 지나 모두 기억나지는 않지만 모욕감과 수치심을 탄두에 장착한 미사일이 마구 날아왔다. 심지어 사무실 밖으로 끌고 나와 소화전 앞 복도에 서서 무려 한 시간이 넘도록 말로 두들겨 맞았다. 한 시간 동안 넋 나간 표정으로 간신히 서 있었다.

어쩌려고 혼자 다녀?

"내가 너 평소 하는 거 보면 답답하다."
"아이큐가 두 자리냐?"
"대학 나온 건 맞냐?"
"어디 가서 대학 나왔다는 말도 꺼내지 마라!"

이 외에도 차마 입에 담을 수 없는 숱한 말들로 두들겨 맞고, 몸과 마음은 차갑게 얼어붙었다가 다시 유리 조각처럼 산산조각이 나버렸다.

나중에 알고 보니 팀장은 아침 업무 전부터 직원들 하나하나 돌며 소방·안전에 대해 숙지 사항을 테스트하고 있었는데, 부서 직원들 모두 대답을 명쾌히 못 해서 분노 게이지가 조금씩 올라가고 있었고 마지막 출근자인 나에게서 무한 폭발을 한 것이었다. 아부도 안 떨고 본인의 뜻도 헤아리지 못한 채 팀원들과 어울리고, 장애인 차별 발언이 새어 나가면서 본인을 곤란하게 만들고 여러모로 찍혀 있던 터에 마침내 딱 걸린 것이었다.

그날 점심 때 한 언니가 사실은 내가 가장 대답을 잘한 편이었음에도 다른 직원들에게 쌓인 분노까지 몽땅 나에게서 폭발한 것이라고 이야기해 주었다. 다른 직원들은 전화를 받기 시작해서 폭발시킬 사람이 없었다는 것이다. 왜 하필 마지막 출근자였는지, 복도 많은 나다.

그저 하던 대로 평소처럼 일했다. 그리고 퇴근길에 전철에 타자마자 울기 시작했다. 사람들이 보든지 말든지 눈물이 빗물처럼 흘렀다. 상처는 지금도 또렷하다. 요즘 뉴스에 사회문제가 되는 직장 내 괴롭힘 사건이 보도될 때 언어폭력으로 제시되는 그런 말을 들었는데, 몇 년 사이에 바뀐 세상이 서운한 건 왜일까.

팀장은 문제가 많은 사람이었다. 지금에 와서 보면 정말 고발하고 싶은 사람이다. 우리 부서에는 비장애인과 장애인이 함께 일을 했다. 비장애인들은 모두 정규직, 장애인들은 모두 비정규직이다. 물론 무기계약직이기는 하나 업무에 차이가 없음에도 급여는 대략 세 배정도 차이가 났다. 명절에도 우리는 상품권 10만 원이었지만 정규직 비장애인들은 많은 상여금을 받았다. 하는 일은 정말 다를 것 하나 없이 똑같았다. 월급을 가장 많이 받는 대리와도 업무는 별 차이가 없었다. 비정규직이라는 이유로 같은 일을 하고도 다른 급여를 받는 것도 서러웠으나 그보다 더 서러운 것이 있었다. 우리 부서의 잘못된 업무 처리로 다른 부서 팀장이 지적하면, 우리 팀장은 늘 이렇게 말했다.

"이해해 줘. 알잖아. 우리 부서 장애인들 많은 거."

장애인 직원이 실수를 한 적도 물론 있다. 하지만 비장애인 직원의 실수로 문제가 된 적도 분명히 있었다. 차이가 있다면 경력이 오래된 비장애인 정규직 직원들은 본인의 실수를 감추는 노련함이 있는 반면, 최근에 들어온 비정규직 장애인 직원들은 그렇지 못했다는 것이었다. 비장애인의 실수가 당장 팀장에게 발각되지 않더라도 타 부서와의 연계업무를 통해 문제점은 속속 드러나곤 했는데,

팀장은 정확하게 확인도 하지 않고 그저 장애인 직원들이 많으니 이해해 달라는 것이다.

업무에 있어 장애인이기에 발생하는 문제는 전혀 없었다. 팀장은 장애인에 대한 잘못된 인식을 하고 있을 뿐만 아니라 자신의 입으로 말한 '정말 정확하게 열심히 일하는 사람'이라는 수식어에 스스로 위배되는 행동을 하고 있었다.

입사 동기 언니는 여러 불합리한 상황을 참지 못하고 딱 1년 만에 퇴직금과 함께 퇴사했다. 나보다 사회성이 좋아 잘 버틸 줄 알았는데 너무 아쉬웠다. 언니 퇴사 이후 병원에서는 장애인 계약직 직원을 세 명 정도 더 뽑았다. 인건비가 정규직보다 적게 드는 장애인 비정규직. 거기에 장애인 의무고용이 차츰 시작되고 있던 시기라 고용부담금을 줄이기 위해서라도 장애인 직원이 필요한데 병원에 딱히 장애인 직원을 둘 부서가 없었고 만만한 곳이 콜센터였던 것이다.

직장생활에 헤비급 폭풍이 지나간 뒤, 체질에 안 맞지만 살기 위해 서툰 아부를 열심히 했다. 그런 나를 팀장은 나름 만족해 했다.

"많이 좋아졌어!"

"처음 입사했을 때와 비교해 봐! 나한테 많이 배웠지?"

시간이 지나 팀장은 나에게 이렇게 말했다. 그 말에

"네, 더 노력하겠습니다."

싱긋 웃으며 말하던 내 모습이 씁쓸하게 떠오른다.

인생살이 자체가 정말 모순덩어리이다.

13
초보 장애인 근로자

'**아는 것이 힘이다.**' 프랜시스 베이컨이 한 이 말은 정말 명언이다. 모르는 것은 죄다. 물론 이 말을 한 철학자가 하고자 하는 의미는 지금 나의 상황과 좀 다를 수 있다. 장애인으로 살아가기 시작하면서 드는 생각이다. 아는 것이 없으니 사는 것이 고달프기 시작했기 때문이다.

'**초보 장애인 근로자**'

면접 때 동행했던 한국장애인고용공단 직원과 나, 동기 언니, 병원 인사과 직원 한 명과 함께 입사 초에 회식을 한 적이 있다. 공단 직원이 마련한 자리였다. 공단 직원은 우리를 잘 부탁한다며 정규직으로도 가능하다면 힘써 주시기를 바란다고 조심스레 이야기했다. 그런데 같이 온 인사과 직원은 나와 동기 언니를 앞에 두고

"정규직이요? 자꾸 그런 말이 나오면 그냥 부담금 내고 안 뽑을 수도 있어요."

라고 우리 앞에서, 우리가 없는 자리도 아니고, 면전에 있는데 그렇게 단호하게 말했다. 그것은 정규직이냐 아니냐가 중요한 게 아니었다. 인간에 대한 최소한의 예의 문제였으며 인격적 문제였다. 그렇게 말하는 인사과 직원 앞에서 공단 직원은 아무 말도 하지 못했고, 자리를 마치고 나온 공단 직원은 인사과 직원과 헤어진 후 우리에게 미안하다고 했다.

그때는 장애인으로 처음 고용된 처지라 아무것도 몰라 부담금이니 뭐니 그런 내용을 잘 몰랐다. 그리고 그 공단 직원이 우리에게 얼마나 마음 써 주고 있는지도 몰랐다. 입사 초에 공단 직원은 직접 전화를 주며 힘든 일은 없는지 필요한 보조공학기기는 없는지 물으며 우리를 챙기기도 했었다.

'보조공학기기'

지금은 잘 알고 있다. 하지만 그때는 초짜 장애인 근로자라 그게 뭔지 몰랐다. 교환실에는 다른 자리에 비해 큰 모니터가 하나 있었다. 다른 직원들이 사용하고 있는 모니터보다 1.5배 정도 컸고 글씨도 확대되어 크게 볼 수 있는 대형 모니터였다. 내가 입사하기 전 시각장애인 직원이 한 명 있었는데 글씨를 크게 확대해야 보여서 모니터를 지원받았었다고 한다. 그 직원은 근무하다 눈이 더 안 좋아져서 퇴사했고 교환실에 근무하는 오십에 가까운 언니들은 노안이라 모니터가 남겨진 것에 흐뭇해했다.

보조공학기기 지원제도는 장애인 근로자가 장애로 인해 근무에 어려운 부분이 있을 때 보완해주는 등 작업환경을 개선해줌으로써 장애인 직원과 기업 양측 모두에게 도움이 되기 위한 지원제도다. 어떤 보조공학기기가 있는지도 잘 모르고 시야가 좁아 먼저 있던 대형 모니터 같은 것도 필요하지 않아 지원을 받지 않았으나, 다른 지체장애 언니들은 오랜 시간 앉아서 근무하는 업무의 특성상 좀 더 편안한 의자를 신청했었다. 그런데 그 의자에 대해서도 말이 많았다. 사무실이 워낙 협소하다 보니 다들 의자가 작았고 유일하게 팀장의 의자만 좋았는데, 지원받은 의자가 팀장 것보다 더 좋고 더 컸기 때문이었다. 대리나 주임은 의자를 지원받은 언니들에게 좋겠다고 말하면서도 뒤에서는 사무실도 좁은데 저렇게 큰 의자를 가져다 놓는다며 구시렁거렸다. 팀장도 지나다니면서

"의자 참 좋네?"

라고 말하며 묘한 분위기를 냈다. 눈치를 주는 것이다. 하지만 언니들은 아랑곳하지 않고 한 귀로 듣고 한 귀로 흘려버렸다. 그렇게 몇 주가 지나니 의자에 관한 이야기는 수그러들었다. 재미있는 것은 의자를 지원받았던 언니 한 명이 퇴사하자마자 의자에 대해 구시렁거리던 주임은 자기 자리로 그 의자를 가져갔다는 것이다. 허리가 아프다나. 웃음도 나오지 않았다.

여하튼 보조공학기기는 장애로 인해 어려움이 있는 장애인 근

로자에게는 큰 도움이 된다. 지체 장애가 있는 근로자들은 높낮이 조절 작업 테이블이나 의자 등을 지원받고, 시각장애인들은 확대경, 대형 모니터, 화면 낭독기, 점자 출력 단말기 등을 지원받는다. 나 같은 중도 장애인은 이런 지원에 대해 잘 모르는 경우가 많다. 우리나라 시스템이 이상하다고 해야 할까? 앓아서 직접 찾아보기 전에는 알려주는 것이 없다. 예를 들어 장애인 등록을 거주지의 동사무소에서 했다. 그러면 동사무소의 복지과에서는 복지카드만 달랑 준다. 이제 막 장애인이 되었으니 복지카드 발급과 함께 국가나 지자체에서 또는 해당 장애 관련 복지관 등에서 지원받을 수 있는 것들이나 정보를 먼저 알려주고 선택하게 해주면 좋으련만 아직은 그렇지 못하다.

장애인이나 보호자들이 스스로 정보를 찾아야 한다. 그렇지 못하면 적절한 지원이 있어도 있는 줄 모른 채 그만큼 혹은 그 이상으로 더 고생한다. 그래도 나를 도와줬던 공단 직원은 직접 전화도 주고 챙겨준 편이었다. 원체 아는 게 없는 내가 받아먹지를 못했지만 말이다. 이름도 생각이 나질 않지만 그분이 무척 고맙다.

우여곡절의 초짜 중도 시각장애인 근로자. 콜센터에서 일하면서 사람은 일만 잘한다고 전부가 아니라는 것을 배웠다. 그리고 장애인 근로자가 살아가는 다양한 방법에 대해서도 많이 배웠다. 우리 사회에 묘하게 자리 잡고 있는 장애인에 대한 인식도 느꼈다. 처음 회사에 지원하고 면접보고 입사하던 날과 달리, 차츰 시간이 지나가면서 삶의 무게가 만만치 않음을 느꼈다. 하늘에 떠 있는 구름이 흘러가듯 강물이 쉼 없이 흐르듯, 새벽의 찬 공기가 볼을 스치고 퇴근길 지친 사람들의 땀 냄새가 코끝을 스치며, 그렇게 초보 장애인 근로자의 날들이 흘러갔다.

어쩌려고 혼자 다녀?

14 뿌연 선

병원 예약 일을 한지도 몇 년이 지난 어느 해 봄, 괴롭히던 팀장은 정년퇴직했고 새로운 팀장이 왔다. 걱정스러웠다. 어떤 사람이 올지 두려웠다. 새로 온 팀장은 인상이 참 여리고 순해 보였다. 온 지 얼마 지나 직원 하나하나 면담을 했다. 그날을 잊을 수 없다. 힘든 점은 없는지 자신에게 바라는 점은 없는지 물었는데, 질문의 답변 사이사이로 몇 년간의 연습과정을 거친 아부가 자연스레 나왔다. 뭐라고 했는지 정확히 기억나지는 않으나 팀장의 말은 기억이 난다.

"그렇게 빈말은 나한테 안 해도 돼요. 그냥 성실히 일해주면 나야 고마운 일이에요."

솔직히 팀장의 말을 믿지 않았다. 저렇게 말해 놓고 아부를 안 떨고 자기 맘에 안 들면 무슨 일을 당할 거다! 하지만 팀장은 달랐다. 비장애인 직원과 장애인 직원 간에 어떤 차별적 발언도 없이 정말 업무에 대해서 공정히 일을 처리했다. 그리고 자기와 성향이 다르다는 이유로 사람을 편 가르지도 않았다.

경우가 조금 다르긴 하지만 분위기상 영화 '우리들의 일그러진 영웅'의 최민식 선생님이 나타난 것 같았다. 직원들도 늘 업무와 상관없는 긴장을 하고 살다가 한결 부드러워진 분위기에 어색해하기도 했다. 이제 정말 직장생활에 봄이 오나 싶었다.

아침에 출근하는데 나도 모르게 자꾸 눈을 비볐다. 눈앞에 뿌연 선이 나타났다. 보는 데는 큰 지장이 없었으나 좀 걸리적거렸다. 그러다 오후가 되면 사라졌다. 그렇게 몇 개월이 지나고 병원 정기진료를 가서 담당 의사에게 증상을 말했다. 의사는 늘 그렇듯 괜찮을 거라면서

"장애등급 하나 올려도 되겠어요."

라고 말했다.

눈이 더 나빠진 거냐, 왜 그러냐 물었으나 의사는 크게 나빠지지는 않았지만 검사 소견상 3급으로 해도 될 정도라면서 또 한 묶음의 서류들을 안겨 주었다. 의사 말을 믿고 싶었지만 믿지 않았다. 등급을 올린다는 것은 그만큼 더 안 좋아졌기 때문이 아니겠는가! 시력이 많이 떨어진 것도 사실이었다. 콜센터 일이 온종일 모니터를 보고 하는 일이다 보니 당연한 결과였으리라.

그런데 왜 조금만 생각해 봐도 충분히 짐작 가능한 이 부분을 간과했던 것일까? 왜 미처 생각하지 못했을까? 눈이 나빠지고 있는 것은 너무 힘들게 했다. 업무에 완전히 능숙해져 있었고 엄청난 고난의 과정 또한 견뎌내며 적응한 이 병원이었다. 출퇴근 길마다 눈물을 흘렸던 것 같다. 그냥 우울했다. 6개월 정도 그렇게 보냈다. 그러다 마침내 팀장에게 찾아갔다. 눈이 더 안 좋아져 컴퓨터 모니터를 오래 보고 하는 일이 부담된다고 했다. 이야기를 들은 팀장은 근심 어린 눈빛과 위로의 말을 해주며 그동안 성실히 일해 온 걸 안다며 한번 방법을 찾아보자고 했다.

그 뒤로 한 달간, 팀장은 내가 모니터를 덜 보면서 할 수 있는 일이 있을까 찾아보았다. 팀장은 진심으로 힘써 주었다. 나를 위해 대리, 주임과 여러 번 회의도 했다. 하지만 찾지 못했다. 고민 끝에 퇴사하기로 결정하였다. 눈을 위해서였다. 인사과 부장이 나를 불렀다. 팀장과 함께 다른 할 수 있는 일을 찾아보았지만 딱히 없다며 그동안 성실히 일해 준 걸 알고 있기에 마음이 안 좋다고 하였다. 그러면서 나중에 필요한 부서가 생기면 나를 꼭 부르겠다는 빈말도 해주었다. 그래 이 정도면 됐다고 생각했다.

장애인이 되고 첫 직장. 해보겠다는 의지로 30대 중반까지 달려온 나. 병원에서 이 정도 마음 써준 것에 감사했다. 마지막 회식날. 푸른 빛이 눈부시게 번지던 6월의 초여름. 그날 저녁은 날씨가 참 좋았다. 더운 날씨였지만 바람이 솔솔 불어 시원했다. 야외에서

고기를 구워 먹는 식당이었는데 고기도 맛있고 소주도 맛있었다. 사무실 사람들은 하나둘씩 술을 채워 주었고 그걸 다 마셨다. 그러다 살짝 울컥했고 눈물이 떨어졌다. 그걸 본 옆자리 언니도 울었다. 다들 알고 있었다. 내가 고생한 것을. 그리고 눈이 악화되어 퇴사하는 것이기에 함께 아파해 주었다.

냉정한 현실은 때로 사람들에게 상대의 아픔을 외면하게 하기도 한다. 사람들은 알고 있다. 장애가 있지만 다 같은 사람이라는 것을. 하지만 생존의 현실에서 사람들은 종종 이런 말을 꺼낸다.

'저 직원은 눈이 안 보여서 ······.'

'저 직원은 잘 못 걷잖아요.'

숱한 이해관계가 얽혀 있는 현실 속에서 장애인은 걸리적거리는 존재로 여겨지는 경우가 많다.

'회식을 어디로 가고 싶은데 장애인 직원 때문에 안된다.'

'다른 부서들과 다 함께 행사하는데 우리는 장애인 직원이 있어 다른 부서처럼 못한다.'

이런 거다. 그 속에서 장애인 근로자들은 어쩔 수 없는 현실을 인정하면서도 동시에 마음의 상처를 받는다.

'소외감.'

'난 다른 사람이구나.'

'보이지 않는 낮은 계급의 사람.'

우리 사회를 부정적으로 본다고 생각할지도 모르겠지만 다수의 비장애인과 함께 업무를 하는 장애인 근로자는 그런 현실을 느낄 일이 많다. 사실 현실을 인정하는 것은 어느 정도 필요하다. 장애가 있으니 비장애인과 똑같이 할 수 없는 것은 당연하다. 하지만 조금 도와주고 기다려 주면 할 수도 있는 일을 세상은 기다려 주지 않는다. 특히 우리 사회는 빠르고 잽싸다. 장애인을 기다려 줄 여유가 없는 세상. 다들 마음은 함께하고 싶으나 그렇지 못하는 세상. 그런 세상을 경험하게 한 첫 번째 직장. 그리고 장애인 근로자의 삶. 가슴이 아프기도 하지만 현실을 알고 나를 인정해 가는 과정이었다.

어쩌려고 혼자 다녀?

어쩌려고 혼자 다녀?

15 띵동띵동

정말 생각이 모자랐는지도 모르겠다. 의사가 분명 진행 속도를 장담할 수 없다고 했는데도 그 점을 전혀 고려하지 않고 취업을 했던 것이다. 병원 일은 후임자에게 내어주고 6월 마지막 날까지 근무하고 퇴사했다. 7월이 되었다. 눈이 안 좋아진 걸 알고도 계속 콜센터를 다닌 것이 수개월이라, 그동안 일을 그만두고 어떻게 살지 조금씩 고민과 인터넷 검색을 해오고 있었다. 하지만 정보에 한계가 있었다.

'시각장애인.'

이렇게 검색하면 가장 많이 뜨는 것이 시각장애인 복지관 사이트였다. 하지만 그동안 복지관에는 별 관심이 없었다. 잘 몰라서 더 그랬다. 장애인 복지관은 장애인을 수용하는 시설 정도로 알고 있었고 나와는 무관하다는 생각이었다. 그러다 한 복지관 사이트에 들어가 보니 어느 부서에 직업재활팀이 있었다. 전화번호를 확인하고 무슨 일을 하는 곳인지 물어나 보자는 생각으로 번호를 눌렀다.

'헉!'

그런데 그곳에서 시각장애인 구직 활동을 도와준다고 하는 것이다. 단, 주로 헬스키퍼이고 다른 직종은 많지 않다고 했다.

'헬스키퍼?'

그게 뭔지 몰랐다. 그래서 흘려들었다. 전화를 받은 직원은 이력서와 자기소개서 그리고 복지카드 사본을 가지고 내방하면 면담 후 구직을 알아볼 수 있게 안내해 준다고 했다. 그래서 7월 말 학교가 방학을 한 작은 언니에게 부탁하여 함께 복지관에 방문했다.

'시각장애인 복지관.'

절대 혼자 가고 싶지 않았다. 막연히 두려웠다.

'띵동띵동.'

복지관 정문에 가니 벨 소리가 규칙적으로 울렸다.

"저건 뭐지?"

왜 문 앞에 초인종이 계속 울리냐며 정문을 들어섰다. 처음 겪어 보는 환경에 그냥 위축되었다. 나중에 복지관 직원에게 물어보니 보이지 않는 시각장애인들에게 소리로 위치를 알려주는 것이라고 하였다. 복지관 건물 내부는 깨끗했고 생각한 것과는 사뭇 달랐다. 장애인 수용시설 같은 느낌은 아니었고 장애인들이 교육을 받거나 여가를 보내는 등 다양한 프로그램을 이용하는 곳이었다. 한 번 가보고 자세히 알 수는 없었지만 복지관에 대해 오해했던 것만은 분명했다.

전화 통화를 한 직원과의 면담에서 당장의 큰 성과는 없었다. 그래도 시각장애인들이 가장 많이 종사하는 직종이 안마사라는 것과 요즘은 각 기업에서 직원들에게 복지정책의 하나로 안마를 해주는 헬스키퍼 고용이 증가하고 있다는 것을 알 수 있었다.

'안마?'

시각장애인이 안마한다는 말을 처음 들었다. 아는 게 참 없었다. 이야기를 듣고 안마에 관해 관심이 생겼는데, 맙소사 국가공인 자격증인 안마사 자격증을 취득하려면 해당 교육기관에서 무려 2년이나 교육을 받아야 한다고 했다.

'2년?'

생각보다 너무 긴 과정이라고 생각하며 집으로 돌아왔다.

당장 할 일을 찾지 못하여 뭘 할까, 뭘 할 수 있을까 매일 고민했다. 그런데 지금 생각해도 의아한데, 왜 한국장애인고용공단 그때 직원에게 전화해 볼 생각은 못 했을까 하는 것이다. 나중에 알았지만 공단은 장애인 취업을 위한 다양한 프로그램을 운영하고 있었다. 장애 특성에 맞게 기업에서 요구하는 업무 능력을 위한 훈련을 시켜주기도 하고 최종적으로 취업할 수 있도록 도와주는 등 적극적인 지원제도가 있었다. 그 직원에게 전화해서 상담했으면 좀 더 다양한 직군의 직업을 생각해 볼 수도 있었을 텐데 하는 아쉬움이 있다.

그런 내용을 전혀 몰랐었기에 흘러가는 시간이 아쉬워서 며칠 전 다녀온 복지관 사이트를 들어가 보았다. 교육 프로그램 중에 점자 교육이 있었다.

'점자.'

그래 시각장애인은 점자로 글을 읽는다. 나도 할 수 있을까? 가는 시간도 아깝고 구직기간 동안 점자나 배우자는 심사로 다시 복지관에 전화를 걸었다. 담당 직원은 여러 사정을 듣고는 기초재활 프로그램을 추천하였다. 중도 시각장애인을 대상으로 시각장애인으로 살아가기 위한 기본적인 것들 즉, 기초 점자교육과 보행, 음성활용 컴퓨터, 일상생활 등 다양한 훈련을 하는 프로그램이라 하였다. 프로그램에 기초 점자 훈련도 있고 다양한 훈련을 하면서 어떤 방향으로 구직을 할지도 함께 고민해 보면 좋을 것 같다는 말이었다. 아주 좋았다. 그래서 바로 신청했다. 지난번에 직업재활팀에 복지카드 사본 등을 제출했었기에 다른 과정 없이 등록할 수 있었다. 복지관 기초재활훈련은 8월 말부터 시작되었다. 뜨거워진 대지만큼 나의 의지 또한 달아오르고 있었다.

조금 낯선(?)

　시각장애인 하면 가장 먼저 생각나는 것은 무엇일까? TV나 영화에서 본 시각장애인은 누가 있었을까? 복지관 훈련 그리고 다른 시각장애인과의 직접적인 첫 만남. 겪어 보지 않은 부분이라 좀처럼 짐작되는 바가 없었다. 우선 내 머릿속에 가장 먼저 떠오른 시각장애인은 영화 '여인의 향기'에서 시각장애인을 연기한 알파치노였다. 사고로 시력을 잃은 퇴역 장교역의 알파치노는 주말 동안 그를 도우러 온 아르바이트생 고등학생과 뉴욕에 간다. 그는 보이지는 않지만 향기로 여자의 모든 것을 알아내는 능력을 보여주며 레스토랑에서 처음 만난 여성과 탱고를 추는 장면이 있다. 그 장면을 너무너무 잊을 수가 없다. 괴팍한 성격의 극 중 알파치노는 시각장애인이지만 영화를 여러 번 본 내게 장애보다는 섬세하고 인간적이며 정의로운 모습만 남아있다.

다음으로 생각나는 사람은 스티비 원더이다. 'Isn't she lovely' 로 유명한 가수. 최근 방탄소년단이 등장한 그 유명한 음악 시상식 그래미 어워드. 몇 년 전이다. 스티비 원더가 시상자로 나왔다. 그런데 갑자기 그가 손에 든 수상자 이름이 적힌 카드를 뒤집어 사람들에게 막 보여주는 것이다. 이건 나만 볼 수 있는 거라며 막 흔드는데 관중들이 폭소했다. 그 수상자 카드는 점자로 되어있었다. 그 장면이 두 번째로 기억에 남는다. 자연스럽게 웃고 즐기던 모습이 인상적이었다.

또 생각나는 것은 우리나라 영화 **'클래식'**이다. 베트남전에 참전했다가 실명한 조승우가 사랑하는 여인 손예진을 만나는 장면. 그녀에게 실명한 것을 들키지 않기 위해 만나기로 한 카페의 구조를 미리 익히고 동선을 연습했건만 결국 그녀에게 들키고 마는 장면. 너무나 가슴이 저려오던 장면이다.

이렇게 하나둘씩 생각해 보니 영화, TV에서 시각장애인을 참 많이 보았다. 하지만 영화는 영화이고 유명인은 유명인이다. 우리 일상에서 만나게 되는 시각장애인의 모습은 어떨까? 시각장애인 복지관의 기초재활 프로그램에 가는 첫날, 그 첫 만남이 무척 궁금하고 긴장되었다. 다른 시각장애인들과 대화해본 적이 없었다. 어떨까? 앞으로 훈련이 주로 이루어질 장소에 조금 일찍 도착했다. 들어가니 한 분이 와 있었다. 40대 중반 즈음 되어 보이는 남자분이었다. 들어가 인사를 하니 나를 바라보고 인사를 했다.

'저시력이구나!'

하고 생각하며 자리에 앉았다. 몇 마디 대화를 나눠보니 예상대로 나만큼 아니 그 이상으로 보이는 저시력 시각장애인이었다. 처음 만남이라 긴 대화는 없었다. 잠시 뒤 두 명이 더 왔는데 모두 남자분이었고 전맹인 시각장애인이었다. 시각장애인은 크게 두 가지다. 아예 앞을 보지 못하는 전맹 시각장애인, 그리고 저시력 시각장애인. 함께 훈련받는 인원은 나를 제외하고 총 네 명이었다. 그런데 첫날 한 명이 참석하지 않았다. 그분은 여성분이라고 했다.

올 사람이 모두 왔다. 분위기는 참 어색했다. 시각장애를 갖고 있다는 공통점만 있지 나이나 살아온 것이 다 달라 다들 선뜻 대화하기를 머뭇거렸다. 잠시 뒤 어색한 분위기 속에서 서로 자기소개를 했다. 이름, 나이, 사는 곳, 장애등급, 그리고 어느 정도 보이는지를 이야기했다.

시각장애는 다른 장애유형과 달리 급수가 좀 의미가 없는 경우가 많다. 가장 중증이 1급이고 6급까지 있다. 지금은 등급이 사라지고 중증과 경증으로만 구분하는 것으로 바뀌었지만 등급을 사용한다. 그런데 어려서 등급을 받은 사람은 성장하면서 수술 등 기타 여러 가지 이유로 시력이 호전되었더라도 현재 상태와 무관하게 과거에 받은 등급을 그대로 가지고 있곤 한다. 어린아이의 경우 시력이나 시야 측정이 정확하지 않고 또 나이가 들면서 나아지기도 하는데, 어려서 받은 등급대로 살고 별달리 등급조정을 다시 받지 않아 눈의 상태가 6급 정도의 경증 상태임에도 여전히 1급의 급수를 가진 사람들도 있다.

또 시각장애를 판정하는 기준이 시력과 시야 정도인데 나의 병인 망막색소상피변성증을 예로 들면 시야는 좁고 시력은 좀 있으나 뿌옇게 보여 주변 환경에 따라 그때그때 보이는 정도가 다르다. 그런데 병원의 고정된 환경에서만 시력을 측정하니, 일상생활에서는 거의 안 보이는 때가 많음에도 적절한 등급을 받지 못하는 경우도 있다. 그래서 시각장애인들은 만나면 법적인 등급도 묻지만 실제 어느 정도 보이는지를 묻게 된다.

그때 교정시력이 0.1정도 였고 뿌연 선은 똑같이 아침에 나타났다가 오후에 사라지는 정도였으며, 시야는 큰 차이는 없었다. 그리고 색약이 좀 심해져 노랑색과 분홍색, 군청색과 검은색을 구분하지 못하는 상태였다.

서로 자기소개를 마치고 앞으로의 훈련일정 등을 안내받고 첫 날은 마무리되었다. 다른 시각장애인들과 이야기를 살짝이라도 나눠 본 첫날이었다.

'어떨까?'

하는 나의 궁금증은 별 의미가 없었다. 별거 없었다. 생각이 많았던 것 같다. 그저 나처럼 눈이 안 좋거나 나보다 더 안 좋거나 할 뿐이고 별거 없었다. 괜한 긴장을 했다는 결론을 내린 날이었다.

4개월 정도의 훈련이 진행되었다. 중도 시각장애인이라 훈련을 하며 생기는 고충과 일상생활에서 발생하는 어려움 등 다양한 일들을 공유하다 보니 첫날과는 달리 어색함은 안드로메다로 갔다. 훈련을 받는 사람 중 나이가 50대였던 남자분은 나와 같은 질환으로 빛만 겨우 느낄 뿐 사물은 전혀 보지 못하시는 분이었다. 열심히 가장으로 살아오셨는데 느닷없이 다가온 시각장애로 많이 힘들다고 하셨다. 평소에는 밝으셨지만 이따금 보이는 우울함은 감춰지지 않았다. 인생의 반 이상을 눈이 보이다가 갑자기 안 보이는 삶을 살아야 한다는 것은 마치 갓난아이처럼 살아가는 방법을 새롭게 다시 처음부터 배워 나가야 하는 것이다. 나와 같은 질환을 갖은 분이라 그런지 더욱 공감되고 마음이 아팠다.

  또 나와 같은 질환의 40대 여자분도 있었다. 전맹은 아니지만 거의 보이지 않아 저시력이라 하기도 뭐했다. 그런데 그분은 좀 달랐다. 사람들과 어울리는 것에 엄청난 거부감을 느끼고 있었고 시각장애인들과 어울리는 것도 거부감이 컸다. 경험에 의한 것인지 성격에 의한 것인지는 잘 모르겠다. 훈련 한 달만인가부터 나오지 않았다. 사정이 있었을 것이다.

  몇 개월의 훈련을 같이한 시각장애 동료들은 모두 제각기 깊은 상처를 안고 있었다. 중도 시각장애인이었기 때문이다. 그들이 싫지 않았다. 자신이 상처가 있고 힘들다는 것을 자연스레 자신들의 방법으로 표현하는 솔직함 때문이었다. 분명히 상처가 있음에도 괜찮다고 애써 더 씩씩하고 밝게 행동하는 사람을 보면 왠지 모를 거부감이 든다. 같이 대화하기가 조심스럽기 때문이다. 자신의 속마음을 감추고 있는데 그걸 어쩌다 건드리면 매우 예민하게 반응하고 자신을 이상한 사람으로 대한다고 하는 사람. 이런 사람들을 나중에 만나보았다. 아프면 아프다! 싫으면 싫다! 있는 그대로 표현하는 성격인지라 그렇게 애써 괜찮은 척하는 사람을 만나면 어떻게 대해야 할지 잘 모르겠다. 그런데 복지관에서 처음 만난 그들은 모두 자신의 상황과 감정에 솔직했다. 그래서 나이와 살아온 환경이 달랐음에도 시간이 지남에 따라 잘 어울릴 수 있었다.

하지만 모든 것이 순조로웠던 것은 아니었다. 한 가지 엄청나게 낯설고 어려운 부분이 있었다. 가장 혼란스럽고 힘들게 만드는 일이었다. 지나친 솔직함이랄까 노골적인 표현이랄까. 안 그런 분들도 계셨지만 그런 분도 꽤 있었다. 성적인 표현이나 본인의 욕구를 많은 사람이 있는 자리에서 서슴없이 이야기하고 마구 드러내는 것이다. 별로 친분이 두텁지도 않은 관계에서 이렇게나 자유롭게 이야기하는 건 처음이었고 문화충격 같은 것이었다.

'내가 이상한 건가?'

'내가 지나치게 보수적인가?'

혼란스러웠다. 훈련을 같이하는 구성원 중 한 명을 포함하여 복지관에는 미혼의 남성분들이 몇 명 있었다. 그들의 대화를 듣고 있자니

'성희롱!'

나에 관한 이야기는 아니어도 주변 사람에게 성적인 수치심을 일으키는 행동이나 언어는 분명 성희롱이다. 수위 조절을 하여 한 가지 일을 말해 보면 그들의 대화 내용은 이랬다.

"아까 복지관 오다가 웬 여자가 도와주겠다는 거야. 남자면 NO 할 텐데 향수냄새도 좋고 OK 했어. 근데 그 여자가 팔짱을 끼는데 나 죽을 뻔했어!"

그리고는 고마운 여자의 신체에 대해 한참을 이야기했는데 뭐 이 정도는 가장 낮은 수준의 대화였다. 그들이 너무 힘들었다. 성적인 욕구가 있는 건 알겠는데 그런 이야기를 친한 사람들끼리 있는 자리에서나 하는 것이지 친분도 없는 사람들 앞에서 더구나 여자 앞에서 떠든다는 것이 이해가 되지를 않았다. 복지관에서 훈련을 받으며 가장 힘든 부분이었다. 내가 나서서

'이런 얘기는 뒤에서 하시죠!'

라고 하긴 싫었다. 그러면 나를 상대로 그 더러운 소리를 할 것만 같았다. 피하고 싶었다. 그런데 이것을 남자들만 이상하다고 할 수가 없는 것이 다른 교육을 받는 여성분이 있었는데 너무 노골적이었다. 하드코어 스토리를 공개 장소에서 떠들었다. 왜 저러는 걸까? 설마 시각장애인들이 다 저러는 것은 아닐까? 가장 큰 어려움이었다. 주변 사람들에게 이 이야기를 털어놓자

'꼭 시각장애인들만 그러는 건 아니다. 비장애인들도 그런 사

람들 꽤 많다.'

'시각장애가 있다 보니 욕구를 표출하는 것이 어려울 테고 동병상련으로 비슷한 사람들을 만나니 그러겠지.'

'피해버려!'

대충 이런 조언들을 들었다. 내가 바꿀 수 있는 일도 아니고 그런 상황이 되면 자리를 피하는 것으로 고민을 끝냈다. 하지만 복지관이 아닌 다른 곳에서 다시 그런 여성, 남성 시각장애인들을 마주했고 피하기 힘든 상황도 생겨났다. 몇 번의 경험이 있자 차츰 처음의 충격과는 달리

'또 나타나셨군.'

하며 익숙해졌다고 할까 좀 무뎌지는 면도 있었다. 하지만 그런 이야기를 하는 사람은 잘 알게 되기 전까지 거리를 두고 지켜보게 되었다.

시각장애인과의 첫 만남. 그리고 약 4개월 훈련 속에서의 경험. 초짜 중도 시각장애인은 또다시 시각장애인들과의 새로운 사회생활에 들어섰다. 처음 말했듯이 별거는 없다. 다 그냥 살아가는 사람들이니까 말이다. 단지 조금 낯선 것들이 있을 뿐이다. 그런 건 어느 곳에 가도 있는 것이니까, 별거 아니라면 별거 아니라고 생각하면 되리라.

17 읽는다는 것

시각장애인 복지관에서의 기초재활훈련. 시각장애인이 된다면 가장 먼저 무엇을 배워야 할 것 같은가? 일상생활의 가장 기본적인 활동들. 그냥 하면 되던 그것들. 복지관 기초재활훈련은 그 일상적인 것들을 눈이 아닌 다른 감각으로 하는 방법들을 배워가는 과정이다. 기초과정 후에는 심화 과정을 통해 더 디테일한 훈련과정을 거치기도 한다. 새로운 방식으로 살아가는 방법을 배운다는 것은 만만치 않은 일이다. 기초재활훈련에서 힘들면서도 가장 좋았던 것은 배우고 싶었던 점자 교육이었다. 정보나 지식의 습득이라는 것이 눈으로 보면 되던 것이었는데 못하게 된다면 정말 세상에 소외된 인생을 살 수 있다는 두려움이 있었다. 그래서 새로운 도구를 배워야 한다고 생각했다. 점자를 배울 당시는 고정시력이 어느 정도 나왔기에 눈으로 책을 보는 것이 불가능하지는 않았지만 그래도 모르는 미래를 위해 준비하고 싶었다.

송암 박두성 선생님이 만든 '훈맹정음'. 시각장애인이 되어 그걸 익히고 있다. 처음 시작은 점자를 손으로 느끼는 훈련이었다. 점자의 모양은 여섯 개의 점 즉 2열 3행으로 이루어져 있다. 그 점들을 왼손 검지로 위아래가 아니라 왼쪽에서 오른쪽으로 쭉 느끼며, 점의 개수가 몇 개인지 어떤 모양의 점으로 나타나 있는지 파악해 가는 것이 첫 과정이었다. 눈을 감고 촉각을 곤두세우며 훈련을 하다 보면 정말 답답하고 짜증이 나곤 했다. 체력도 많이 소모되었다. 그래도 오기가 생겨 감은 눈에 더 질끈 힘을 주고 촉각에 집중했다. 복지관 수업이 끝나고 집에 가서도 훈련은 계속했다. 책을 읽고 싶었기 때문이다. 두 달이 조금 지나고 드디어 자음 모음 등 글자를 배울 수 있었다. 글자를 읽기 시작할 때 기쁨은 정말 엄청났다. 처음 읽은 글자는 '**바나나**'였다.

'**바나나!**'

원래도 내가 좋아하는 과일인데 노오란 바나나가 더 사랑스럽게 느껴졌다. 단어를 익히고 차츰 문장도 익혀나갔다. 그리고 왼손으로는 점자를 읽고 오른손으로는 점필로 읽은 것을 써 나가는 연습을 했다. 촉각훈련이 지나고 글을 읽기 시작하니 아주 재미있고 신나서 정말 열심히 했다. 기초훈련이 끝날 즈음에는 책을 나름 잘 읽었다. 물론 느리긴 했다.

기초훈련이 끝난 뒤에도 점자책을 얻어 집에서 읽어보곤 했다. 하지만 느린 것이 단점이었다. 어떤 책은 내용을 빨리 알고 싶은데 손이 참 따라주지 않아 속이 터질 때도 많았다. 그러다 음성도서를 읽을 수 있는 아니 들을 수 있는 애플리케이션이 있다는 것을 알게 되었고 제법 최신 도서까지도 업데이트되는 그 앱을 이용하면서 차츰 손이 아닌 귀로 책을 읽게 되었다. 손보다는 귀를 이용한 독서가 속도도 훨씬 빨랐고 또 다양한 책들이 많이 올라와 만족도가 컸다.

점자를 배우기 시작했을 때는 점자를 많이 활용하며 살 것이라 생각했다. 그러나 꼭 그렇지는 않았다. 시각장애인들이 책이나 문서를 음성으로 변환하여 들을 수 있는 스마트폰 앱이나 보조공학기기들이 있고 그것들이 학습에 더 효율적인 면이 있다 보니 점자보다 더 많이 활용하게 되었다. 그래서 요즘은 점자로 읽는 것은 엘리베이터 버튼의 숫자나 명함의 글씨 등 간단한 경우만 읽고 평소에는 잘 활용하지 않아 지금도 기초훈련 때 정도의 수준만 유지하고 있다.

그런데 요즘 들어 다시 점자를 더 익히고 싶은 생각이 든다. 급하게 숙지해야 할 내용이 있을 때는 느린 점자가 답답하기도 하지만 여유 있고 차분하게 책을 읽을 때는 점자의 매력이 엄청나다. 일단 손으로 읽을 때는 글자를 확인하느라 내용이 머리와 마음에 바로 들어오지 않는다. 그래서 한 번, 두 번, 많게는 세 번 글을 다시 손으로 읽으면 문장 하나하나가 모두 내 마음속에 깊게 들어오고 그 느낌은 오묘하다. 그 여유 있는 독서를 하고 싶기에 다시 점자를 더 능숙하게 익히려 하고 있다. 빠르고 정신없이 돌아가는 세상 속에서 느린 독서는 나에게 힐링이 되어 줄 것이다.

18 흰지팡이를 펼치다

흰지팡이로 길을 걷는다. 복지관에서 기초훈련의 하나로 흰지팡이 보행을 배울 때는 그냥 연습하는 정도였다. 흰지팡이 없이도 보행이 가능한 정도였기 때문에 절실함이 없었다. 하지만 보행의 기본적인 방법들은 놓치지 않고 연습했었다.

실전에서 흰지팡이를 처음 펼친 날, 그날의 장소, 옷차림 그리고 식은땀 모든 장면을 잊을 수 없다. 복지관 훈련에서 받은 흰지팡이를 들고 집으로 가는 길이였다. 평소에 계단 내려가기가 어려워 고개를 정말 푹 숙이고 내려가던 나는 흰지팡이로 보행하면 목을 혹사하지 않아도 되겠구나 싶은 생각이 문득 들어 지하철 승강장으로 내려가는 계단에서 흰지팡이를 꺼냈다.

꺼낼 때도 얼마나 주변 눈치를 봤는지. 그랬다. 그것이 문제였다. 주변 사람들의 시선. 눈이 보이는 저시력 시각장애인이라 주변 사람들이 보이기에 그들이 바라보는 시선이 두려웠다. 지팡이를 펼치고 걸으면 그들이 날 어떻게 볼지 두려웠다. 그래도 한번 펼쳐보았다. 그리고 배운 대로 지팡이를 이용해 계단의 높이를 체크하며 한 계단 한 계단 내려가는데 그 와중에도 주변을 의식하느라 정말 그것 때문에 넘어질 뻔했다. 그래서 계단의 반은 지팡이로 나머지 반은 그냥 내려왔다. 그리고 지팡이를 접었다. 목을 쭉 빼고 내려오는 일도 힘들었지만 그만큼 주변을 의식하는 일도 힘들었다.

'천천히 하자.'

그 날 이후 흰지팡이를 훈련시간에만 활용했다. 그리고 1년 반 정도 지나 흰지팡이 보행이 절실한 사람이 되었다. 눈이 완전히 안 보이게 된 것은 아니지만 상태가 많이 안 좋아져서 보이지만 보인다고 하기도 애매한 상태가 되었다. 낯선 길은 정말 흰지팡이 없이는 한 걸음도 가기 힘든 두려움이 생겼다. 이런 상황이 되니 주변은 의식하지 않게 되었다. 처음 지팡이를 펼친 날과는 너무도 달랐다. 주변의 시선보다 내 안전이 우선시되었기 때문이다.

지금은 흰지팡이를 꼭 가지고 다니고, 흰지팡이를 꼭 사용하여 보행한다. 여자 시각장애인. 시내를 다니다 보면 가끔 다른 시각장애인이 흰지팡이로 길을 가는 걸 볼 때가 있다. 그러나 아직 단 한 번도 여자 시각장애인이 흰지팡이로 독립보행을 하며 다니는 걸 본 적이 없다. 물론 있을 것이다. 내가 못 봤을 뿐이다. 그래도 아주

적은 건 사실이다. 여러 이유가 있겠지만 몇몇 젊은 여자 시각장애인들은 스타일이 나지 않아서 그런다고 말하기도 했다.

그리고 대부분은 위험해서 겁나서 그런다그 했다. 그렇다. 위험한 것은 사실이다. 요즘 세상이 무서우니까. 그렇지 않은 사람들도 있겠지만 대부분의 사람은 시내를 다니며 다른 사람들로부터 불필요한 주목을 받기 원하지 않을 것이다. 행인의 한 명. 굳이 기억되지 않는 한 명. 하지만 여자 시각장애인이 흰지팡이로 혼자 다니면 사람들은 기억한다. 흔한 일이 아니기 때문인 걸까? 게다가 매일 다니는 길이라면 완전 명찰을 달고 다니는 것과 같다.

얼마 전 매일 다니는 길에 있는 한 약국에 들렀다. 그런데 약사 아저씨가

"아가씨 왔네요. 아가씨 다니는 거 자주 봐요. 흰지팡이 들고 정말 잘 가더라구요. 뭐 필요해요?"

하며 이미 알던 사람처럼 반겨주셨다.

"아 네, 제가 완전히 안 보이는 건 아니라서요."

이렇게 대충 말하고 필요한 약을 사서 나왔는데 사실 별일은 아니다. 요즘같이 삭막한 세상에 시각장애 덕분에 낯선 사람과 대화를 트고 인사를 하고 어쩌면 훈훈한 일쯤으로 여길 수도 있다. 하지만 모르는 사이 누군가가 지켜보고 있다는 것, 게다가 기억까지 한다는 것은 분명 무서운 일이다. 아무리 주목받는 걸 좋아하는 사람일지라도 이런 식은 아닐 것이다. 두려움이 있지만 그래도 혼자

다닐 때는 흰지팡이로 독립보행을 한다.

흰지팡이는 동정이나 무능의 상징이 아니라 자립과 성취의 상징이다. 1980년 세계맹인연합회가 10월15일을 '흰지팡이 날'로 공식 제정하여 각국에 선포하면서 선언문에 담은 내용이다. 세상이 두렵고 사람들이 두렵지만 혼자 걷고 싶다. 혼자 걷는다. 비장애인일 때는 혼자 다니면 그냥 외롭다고만 생각했었다. 그런데 혼자 다니고 혼자서 무언가를 하는 것이 얼마나 사람에게 중요한 일인지 장애인이 되고서 많이 느낀다. 인간이 누군가의 도움 없이 스스로 일과를 해결하는 것은 자존감을 높여준다. 항상 누군가가 옆에 있고 간단한 일과조차 도움을 받아야 한다면 살아있는 느낌을 받기가 쉽지 않다.

그리고 사색도 필요하다. 옆에 누군가가 있다면 대화라는 것이 이어지게 되는데 대화 없이 본인의 생각에 잠기는 시간은 인생에서 매우 중요한 부분이다. 길을 걸으면서 일과를 정리하기도 하고, 내가 한 일들에 대해 생각도 해보는 시간. 너무나도 소중하다. 사람은 사람에게서 좋은 기운도 얻지만 사람에게서 스트레스를 받기도 한다. 특히 나는 좀 더 그런 편이다.

시각장애인들은 이동을 비롯한 일상생활에 도움이 필요한 부분이 많기에 장애인활동지원사를 이용하기도 한다. 장애의 정도에 따라 한 달간 활동지원을 받을 수 있는 시간이 정해지고 그 시간 안에서 이용할 수 있다. 많은 시각장애인이 이용하고 있다. 그래서 혼자 흰지팡이로 다니는 나를 보고 왜 장애인 활동지원을 이용하지 않냐고 물어보는 사람들이 많다. 특히 여자이기에 더욱 위험한 일도 있을 수 있으니 이용하는 것이 좋지 않냐고 묻는다. 그런 질문에 난 항상

"혼자 다니는 게 편하기도 하고 아직 조금은 보이니까요."

라고 대답한다. 그런데 솔직한 속내는 따로 있다.

얼마 전인가 전철을 타고 가다 생긴 일이다.

"안녕하세요. 왜 혼자 다니세요? 위험하지 않아요? 난 시각장애인 활동지원사에요. 오늘은 쉬는 날이라 볼일을 보러 가는데 아가씨 어디 가요?"

흰지팡이로 다니는 것을 보고 같은 전철을 탄 아주머니 한 분이 내 옆으로 와 말을 걸었다.

"네? 아 네."

나는 별말을 하지 않았다. 말했듯이 혼자 다니지만 두려운 건 사실이기 때문이다. 전철에서 만난 그 활동지원사 아주머니는 수다쟁이였다. 자신 이용자의 사생활을 낯선 나에게 이래도 되나 싶을 정도로 떠들기 시작했다. 본인이 식사를 차려주는데 이용자의 식습관이 어떤지 그리고 의심이 많은 편이라 힘들다는 등 약 15분 정도를 쉼 없이 떠들었다. 난 그저

"네, 그러셨군요."

이 말밖에는 못 했다. 아주머니의 결론은 시각장애인 활동지원

사가 하는 일이 꽤 힘들다는 것이었다. 세상에 쉬운 일이 어디 있겠는가! 시각장애인에게 쌓인 스트레스를 우연히 만난 다른 시각장애인에게 하소연하고 싶었던 것 같기는 하나 참 부담스럽기 그지없었다. 그게 끝이 아니었다. 아주머니는 나에게

"근데 아가씨는 왜 위험하게 혼자 다녀요? 활동지원사 이용하지."

그 질문에

'저도 활동지원사 분들이 힘들거든요.'

라고 말하고 싶었지만

"혼자 다니는 게 편해요."

라고 말했다. 사실 나도 혼자서 하기 어려운 일이 있고 앞으로도 많이 생길 것이다. 특히 낯선 장소에 가야 하는 일이 있거나 가족들의 도움을 받기 어려운 상황에는 활동지원을 이용해볼까 하는 생각도 많이 한다. 아마 나중에는 이용하게 되는 날이 올 것이다. 그런데 지금은 거부감이 크다. 활동지원사 분들도 많이 고생하고 힘든 것도 사실이겠지만, 경험상 전철에서 만난 아주머니 같은 성향의 활동지원사 분들을 여러 번 본 적이 있다. 참 적응이 안 된다. 안 그런 분도 물론 계시겠지만, 동네 아주머니들 떠들 듯 이말 저말 참 많은 분들만 많이 보았다.

장애인들은 활동지원사가 필요 이상으로 사생활에 깊숙이 들어올지도 모른다는 부담을 안고 서비스를 이용한다. 그런데 활동지

원사가 내가 없는 곳에서 나에 대해 아무렇지 않게 수다를 떨고 있는 장면은 상상만 해도 너무 싫다. 특히 시각장애인들의 관계는 매우 좁아서 한 다리만 건너도 모르는 사람이 거의 없을 정도다. 수도권에 사는 시각장애인들이라면 더욱 그렇다. 그러하기에 활동지원사가 마구 떠든 수다가 이래저래 퍼져

"그 사람 이렇고 저렇고 그런데."

라고 이름만 알지 잘 알지도 못하는 사람에 대해 원치 않는 이야기를 듣게 되는 경우가 있다. 그야말로 TMI(너무 과한 정보)다.

'에이 뭘 그래. 그게 활동지원사가 떠든 것만 있겠어?'

라고 할 수도 있다. 그 또한 틀린 얘기만은 아닐 것이다. 타인의 입을 통해 듣는 얘기가 어디까지가 진실이고 어디부터가 과장 혹은 왜곡된 이야기인지 알기 어렵다. 그보다 중요한 것은 어디선가 본인도 모르게 자신의 이야기가 이러쿵저러쿵 돌고 있다는 것이다. 그리고 사실 남 얘기하기 좋아하는 사람들은 어지간해서는 좋게 이야기하지 않기 마련이다.

이런 경우도 있었다. 복지관에서 한 시각장애인을 만났다. 대화하다 보니 내가 아는 사람을 그 사람도 알고 있었다. 그런데 그 사람을 이름만 알지 잘 모른다. 그런데 그분이 하는 말이

"내 활동지원사가 그 사람과 예전에 일했는데, 집이 엉망이래요. 회사는 ○○에 다니는 데 아침에 일찍 나간다고 하더라고요."

하고 그의 예전 일과와 일상을 전하는 것이었다. 상상해 보라.

그 대상이 나라면 어떻겠는가? 마치 살아있는 CCTV와 함께 다니는 것이나 마찬가지다. 그래서 활동지원 이용에 상당한 거부감이 있다. 물론 활동지원 이용에 긍정적인 면도 있겠으나 단점이 너무 치명적이다. 그래서 독립적이고 자립적인 생활을 위해 최대한 노력한다. 한계는 있겠지만 그 한계를 좁히고 싶다. 그리고 언젠가 불가피하게 활동지원사와 함께 하는 날이 오더라도 정말 최소한으로 하고 싶다. 내 성향에 비추어 볼 때 활동지원 이용은 오히려 불편한 일이 될 수도 있기 때문이다.

19 안마사!

　　안마사가 되어가는 과정. 복지관의 기초재활 프로그램 과정 중 앞으로 시각장애인으로서 어떻게 생계를 유지할 것인가에 대한 고민 해결을 위해 몇 가지 대안들을 제시해주었다. 대안 중에는 관심 있어 하던 안마사에 대한 정보와 해당 교육기관 견학의 기회도 있었다. 함께 훈련했던 한 사람은 장애인 공직자 채용에 관심을 보이기도 했다. 공무원. 기초재활 담당자는 내가 고시 공부를 하면 잘할 것 같다며 요즘 국가에서 장애인 공무원을 꾸준히 뽑고 경쟁률이나 커트라인 점수도 비장애인들보다 낮으니 어떠냐고 몇 번 권하기도 했다. 하지만 싫다고 했다. 따로 관심 가는 것이 있었다.

　　'안마사!'

　　그중에서도 헬스키퍼라는 직종에 관심을 두고 있었다. 일반 기업에 가서 하는 일이고 근무시간이 대부분 반일제라 남은 시간을 여유롭게 쓸 수도 있을 것 같았다. 병원에 다니면서 아침 일찍부터 저녁까지 전화만 받다 보니 인생을 좀 더 풍요롭게 사는 데는 뒷전이었던 것이 아쉽기도 했거니와, 앞으로 눈의 상태가 어떻게 될지 모르기에 복지관에서 다양한 훈련을 해보고 싶기도 했다. 눈에 너무 무리가 가지 않도록 하루를 조금 여유롭게 사는 것이 필요하다는 생각도 했다.

안마사 양성을 위한 교육기관 견학. 그 기회가 참 좋았다. 안마사가 되기 위해서는 2년간의 교육을 받아야 하기에 자신의 거주지 및 기타 여러 가지를 고려해야 했는데 그에 필요한 사전 정보를 얻을 기회였다. 견학 후, 여러 교육기관 중에서 교통이 가장 편한 곳에 지원했다. 두 해나 다녀야 하니 교통이 제일 중요하다고 생각했기 때문이었다.

입학원서를 10월 말에 냈고 그 후에 면접을 봤다. 면접날은 약하게 비가 왔다. 무엇을 테스트할지 전혀 예측이 안 되어 걱정을 한가득 안고 면접을 보러 갔었다.

'면접 시작!'

면접에서는 일반상식 문제를 물어보고 점자를 어느 정도 읽는지도 테스트했다. 또 손의 악력도 테스트하고 입학 후 교내 생활에 대해서도 구두 면접을 보았다. 걱정과 달리 특별한 것은 없다는 생각을 했다. 그래서 떨어지는 사람이 설마 있을까 싶었는데 웬걸 나랑 같이 면접을 본 50대 남자분은 불합격하였다. 구두 면접에서 연령대가 다양한 교육 생활에 본인보다 어린 동급생이 예의없는 행동을 하면 어떻게 하겠냐는 질문에 패준다고 농담을 했단다.

본인은 농담이었으나 면접관은 진지했던 모양이었다. 그 이유가 진짜인지는 모르겠으나 아무튼 불합격자가 있었다. 나는 다행히 합격했고 이듬해 3월 학교에 입학을 했다.

'이료재활!'

국가에서 시각장애인만의 직업으로 보호해주는 유보직종인 안마사를 양성하는 과정이다. 2년 과정으로 이론과 실습으로 교육은 이루어지고, 사이사이에 시각장애인으로 살아가는 데 도움이 되는 보행과 일상생활 훈련 등을 같이 한다. 1학년 때는 해부생리, 한방 등의 교과목을, 2학년 때는 침구, 진단, 병리, 이료임상 등의 교과목을 배운다. 그리고 빠지지 않는 것은 1학년 때부터 2학년까지 지속하는 실습이다. 1학년 때 배우는 해부생리와 한방은 안마를 위해 정말 중요한 필수 과목이다.

인체의 구조, 골격과 근육을 모두 학습하고 각 근육의 기시정지, 모양, 작용 등을 숙지해야 한다. 또 소화, 순환, 신경, 내분비 등 계통별로 인체에 대해 익힌다. 한방도 361개의 경혈과 그 12경맥을 모두 외우고 각 혈의 작용을 익힌다. 1988년 보건사회부의 유권해석으로 시각장애인 이료업에 있어 **'기타의 자극요법'**에 3호침 이하(굵기 0.25mm 이하)의 시술이 포함되어 현재까지 시각장애인의 유보직종인 이료업 중 침술을 허용하고 있다. 그래서 1학년 2학기부터 2학년까지 배운 경혈과 그 작용 등을 익혀 침술도 한다. 그런데 침은 별로 안 좋아했다. 침을 놓는 것은커녕 맞는 것도 너무 무서웠다. 안마에 더 관심이 있었다. 이론에서 배운 근육의 위치와 그 작용을 사람의 몸에서 찾고 뭉친 근육을 풀어주는 과정이 재미있었다. 1학년 때 해부생리만큼은 90점 이상을 꼭 받았다.

실습은 아주 어려웠다. 손의 힘을 길러 나가야 했기 때문이다. 시각장애인 안마의 특징은 엄지손가락을 많이 사용한다는 점이다. 물론 지금은 팔이나 발을 이용하는 시각장애인 안마사들도 많이 있지만 그래도 엄지손가락을 사용해서 하는 안마가 시각장애인 안마의 특징이라고 할 수 있다. 받아본 적이 있는 사람은 알겠지만 어떤 것보다 엄지로 풀어주는 안마가 정말 시원하다.

그런데 안마사로서는 신체적으로 엄청 힘든 일이다. 1학년 때는 엄지손가락의 힘을 기르는 것이 관건이었다. 엄지를 많이 사용한다고 해서 엄지의 힘만으로 안마하는 것도 아니다. 자신의 체중을 자연스럽게 엄지에 실어 근육을 압박하며 유연해야 하는 데 정말 어려웠다. 엄지손가락 주변의 근육과 인대가 단단해져 나가야 하기에 연습만이 살 길이였다. 입학 초기에는 다들 손이 붓고 아파서 고생들을 했다. 옷을 입고 밥을 먹는 것도 치약을 짜는 것도 엄지가 아파서 다들 고생을 했다. 엄지손가락이 일상생활에서 이렇게 역할이 많고 중요하다는 사실을 그제야 알았다. 엄지손가락은 우리 일상에 정말 없어서는 안 되는 녀석이었다. 엄지손가락으로 훈련을 하고 직장도 다녀야 하기에 저녁마다 손을 따뜻한 물에 담그는 일은 일상이 되었다.

'시각장애인 안마사!'

복지관을 통해 학교를 입학하기 전까지 사실 안마를 받아 본 적도 없고 들어 본 적도 없어 정말 무지한 상태였다. 더군다나 시각장애인이 안마를 한다는 것은 더욱이 몰랐었다. 갑작스레 시각장애인이 되고 생계를 걱정하던 나는 과정이 고되기는 했으나 정부에서 지정한 유보직종이 있어 다행스러운 일이라는 생각이 들었다.

그런데 막상 마주한 시각장애인 안마는 어느 면에서는 참 우울한 현실을 가지고 있었다. 정부에서 지정한 유보직종임에도 불구하고 과거 다수의 안마사가 퇴폐업소와 밀접한 관계를 맺고 있었기 때문에 사회적 인식이 매우 안 좋다는 점이었다. 약자를 고려한 배려와 혜택이 도덕과 법을 외면한 채 무분별한 돈벌이 수단으로 전락해버린 배경을 들어보면 안타까운 부분이 참 많다. 어찌 되었건 결과적으로 사회로부터 부정적인 인식이 만연하게 되었고 사람을 치유한다는 긍정적 인식이나 안마사로서의 자긍심 같은 건 먼 이야기가 되어버렸다. 이 모든 것을 목구멍이 포도청이라는 이유만으로 합리화하기에는 다소 무리가 있다는 것을 인정할 수밖에 없는 것이 시각장애인 안마사들의 현실이었다.

다행히도 최근 시각장애인 안마업계는 변화하고 있다. 아직도 유흥업소 형태로 운영되는 영업장이 있고 여전히 그곳에서 종사하는 안마사들도 있지만, 지금은 건전 영업장으로 안마원을 운영하는 시각장애인들도 많고, 또 경로당에 파견되어 어르신들에게 효도 안마를 하는 일도 있다. 특히 내가 관심 있어 하던 기업체 헬스키퍼는 장애인 의무고용에 따라 점점 늘어나는 추세다. 하지만 과거의 이미지가 있다 보니 시각장애인 안마에 대한 부정적인 시선이 여전히 존재한다는 것은 모를 수가 없었다.

 2년 동안 교육기관에서 공부하고 훈련하면서 그렇게 시각장애인 안마를 부정적으로만 볼 것은 아님을 알게 되었다. 학습의 숙지 정도는 개인마다 다르더라도 대부분의 안마사는 인체의 구조와 생리를 알고 실습을 해 훈련한 사람들이다. 어렵게 익혀나가는 과정에서 이런 시각장애인 안마가 무조건적인 편견만 받을 것이 아니라 오히려 진정성 있게 체계적으로 인체를 공부해서 치유하는 의미있는 일이라는 것을 알리고 싶은 생각이 들었다. 그래서 더 열심히 익혔다. 나뿐만 아니라 현재, 많은 시각장애인이 안마에 대해 자부심을 품고 시각장애인 특유의 직종으로 이어 나가기 위해 노력하고 있다.

 학교를 마치고 원하던 대로 한 기업에 헬스키퍼로 취업을 했다. 오전에 두 명, 오후에 두 명이 근무하고 나는 오후에 일한다. 나와 같은 조의 선생님은 경력이 훨씬 많은 분이다. 그분과 가끔 대화하면서 시각장애인 안마에 관해 이야기하곤 한다. 우리 안마가 무슨 대단한 치유를 하지는 않더라도 노동과 스트레스로 지친 사람들, 어르신 등의 피로를 풀어주거나 오랜 시간 와상으로 고생하는 사람들의 순환을 촉진하는 등 효과가 있는 부분이 분명히 있다는 것이 우리의 공통된 생각이다. 엄청나게 포장할 것도 없지만 나름 자부심을 느끼고 해나가면 사람들의 일상에 도움이 되는 일이라고 말이다. 이 부분에 상당히 공감하고 실제로 그 효과를 느끼며 즐겁게 일하고 있다. 지친 사람들의 피로를 풀어주는 따뜻한 안마사가 되고 싶다.

웃픈 출근길

　점자 여섯 개의 점은 왼쪽부터 아래로 1, 2, 3 그리고 다시 위로 올라가 오른쪽 열의 점을 4, 5, 6으로 순서가 정해져 있다. 점자 3. 4. 5. 6.의 점은 숫자를 표시한다는 의미이다. 3456 14 (숫자 3) 아래로 두 칸 내려오면 3456 1 (숫자 1). 아파트 엘리베이터 층수를 이제는 점자로 읽어서 누른다. 아파트를 나오니 뽀얀 주변의 분위기가 오늘은 날씨가 좋은 모양이다. 크리스마스가 얼마 남지 않은 12월인데 그리 춥지도 않고, 뽀얀 하루가 시작되었다. 출근길이다.
　아파트에서 전철까지는 내 걸음으로 약 5분 남짓. 전철 시간에 여유있게 나왔으니 천천히 오늘의 분위기를 느끼며 걸어갈 수 있다. 오늘도 어김없이 반려견과 산책하는 동네 주민들이 있다.
　개를 참 좋아한다. 어려서 시골에 살 때 늘 마당에서 개를 키웠기 때문이다. 흰둥이, 누렁이, 샘이, 몽실이, 쪼맹이 같이 살던 개들의 이름이 다 기억이 나지는 않지만 유년 시절의 큰 부분을 차지하던 녀석들이다. 그중에서도 쪼맹이는 시골집에서 마지막까지 같이 살던 작은 개다. 성격이 예민한 구석이 있긴 했지만 아버지와 나 둘이서 시골에 살 때 우리 둘 사이에 중요한 역할을 하는 녀석이었다. 아버지와 싸우고 기분이 안 좋을 땐 마당에 나와 하소연도 하고 기분이 좋으면 좋은 대로 종알거릴 수 있었던 친구였다. 그런데 녀석은 정말 희한하게도 우리가 그 집을 떠나기 바로 며칠 전에 죽었다. 이사를 와야 해서 다른 집에 입양 보내고 오려고 했는데, 이사 1주일 전에 갑자기 하늘로 가는 녀석을 보고 얼마나 마음이 시리고 미안하던지 지금도 쪼맹이를 잊지 못한다.

동네를 다니다 보면 요즘 반려견과 산책하는 사람들이 정말 많다. 오늘 출근길에도 천천히 걸어가며 개의 킁킁거리는 소리가 들리는 쪽을 바라본다. 어두운색과 붉은색이 들어오는 걸 보니 쟤는 얼룩얼룩 다양한 색의 개일까? 개의 모습이 다 안 보이니 멈춰 서서 시야에 개가 다 들어올 때까지 빤히 쳐다볼 수도 없고. 그래도 흰색 개가 아니라는 것은 알겠고 엉덩이인지 등인지 어느 한 부분은 보았다. 귀엽게 생겼을까? 귀엽겠지! 궁금해하며 전철역으로 향한다.

역 앞은 출근하는 12시에 해가 떠 있는 방향이다. 고로 안 보인다. 영화에 보면 엄청난 퀸카나 킹카가 나타날 때 뒤로 아우라가 비쳐 눈이 부셔 미모가 잘 안 보이는 장면이 있다. 우리 동네 전철역 1번 출구는 그런 멋진 킹카도 아니면서 출근 시간마다 강렬한 후광으로 나를 어렵게 한다. 눈부심 사이를 비집고 조심스레 에스컬레이터에 오른다. 빵 냄새가 오늘도 참 좋다. 버터 냄새다. 사실 오늘은 빵을 두 개 사 갈 목적으로 여유 있게 나온 것이다. 회사에 가서 간식으로 먹을 생각이다. 전철역에 있는 저 빵집은 값이 저렴하다. 대부분 1000원! 그 중 야채고로케 한 개 토스트 한 개를 사 가려 한다. 미리 현금을 준비해 주머니에 넣어왔다. 2500원. 토스트는 1500원이다. 가게 앞에 가서

"저기요."

하고 부르면 아주머니가

"뭐 드릴까요?"

하고 대답한다. 매일 지나다니고 가끔은 구매한 적이 있어 아주머니는 나를 아는 눈치다. 내가 원하는 빵이 있냐고 묻자 아주머니는 빵을 주시며 들고 갈 수 있겠냐고 물으신다,

"가방에 넣어 가려구요."

아주머니는 빵 두 개를 한 봉지에 넣어 가방에 넣기 편하게 해 주셨다.

"감사합니다."

바쁠 때는 살짝 귀찮아하시기도 하지만 오늘은 한가하기도 하시고 또 날이 좋아서인지 서비스가 좋으시다. 빵을 가방에 넣고 조

심히 승강장을 향해 걸어간다.

　흰지팡이로 혼자 출퇴근한 지도 벌써 2년이 되었다. 주변이 다 보이지 않아 불안하기도 하지만 늘 다니는 경로라 나름 자연스럽게 다니고 있다. 근무가 오후에 있다 보니 출근은 낮에 퇴근은 저녁에 한다. 출근 시간은 사람들이 많이 붐비지 않아 괜찮은데 퇴근 시간이면 초긴장 상태다. 사람들이 많으면 별별 사람들을 다 만나고 겪게 된다. 흰지팡이 보행을 하는 사람이다 보니 안 겪을 일도 겪게 되곤 한다.

　출근하는 시간 전철은 원래 오는 쪽인 3번 승강장이 아닌 반대편 4번 승강장으로 들어온다. 급행열차를 보내고 가려고 대기했다가 가기 때문이다. 매일 같은 시간에 그 열차를 타기 위해 당연히 4번 승강장에서 기다린다. 그런데 늘 그 자리에서 꼭 사람들과 실랑이를 하게 된다. 규칙적으로 열차를 타지 않는 사람들은 내가 안 보여서 잘못 서 있다고 생각해 딴에는 도와주겠다고 다가오는 것이다.

"저기요! 거기 서 있으면 전철 못 타요."

　등 뒤로 한 남자가 멀리서부터 소리치며 다가온다. 나를 향해 오는 걸 알면서도 외면하며

'아, 또 구나.'

　속으로 생각하며 긴 한숨이 나온다.

"저기요, 여기는 전철 오는 쪽이 아니에요. 반대쪽이에요. 못

가시면 도와드려요?"

"아니요. 이 시간에는 전철 이쪽으로 와요. 급행열차 보내고 가느라 이쪽에 와서 정차했다 가요."

라고 인내심을 가지고 짧지 않은 말을 애써 친절하게 설명해주어도

"아니에요. 안 보여서 모르시는 거예요. 전광판에 저쪽으로 온다고 써 있어요."

이런 대화를 벌써 몇 번이나 했는지 모르겠다. 도대체 전광판에 뭐라고 나오길래 이러시는 건지. 지난번 어떤 아주머니 한 분은 내가 아니라고 이쪽이 맞다고 하니까 자기 옆에 다른 할아버지를 붙들고

"할아버지 전철 저쪽으로 오죠?"

하며 자기 편을 만들어서는 내가 틀렸다고 저리 가자고 난리였다. 목소리는 얼마나 크시던지.

잠시 후,

"우리 역에서 OO시 OO분에 출발하는 전철은 급행열차를 먼저 보내기 위해 4번 승강장으로 들어옵니다."

방송이 나온다.

'봤지? 내가 서 있는 4번 승강장 맞지?'

회심의 미소로 주변을 둘러보지만 이미 아무도 없다. 늘 이랬다. 실랑이하던 사람들은 저 방송과 함께 아무 말도 없이 모두 어디

론가 사라져 버린다.

'아! 그쪽 말이 맞네요.'

이런 말 한번을 듣지를 못한다. 눈이 잘 안 보이기에 시각장애인들은 자신들이 다니는 경로를 더 유심히 자세히 파악하고 다닌다. 하지만 그런 사정을 모르는 사람들은 당연히 그렇게 생각할 수도 있다.

'그래도 하던 말은 마무리하고 가지.'

이런 뒷말을 허공에 남기며 그저 나만 아쉽다.

출퇴근 길에는 이런 일만큼이나 새치기 또한 빈번하게 당한다. 기가 막힌다고 해야 할지 어이가 없다고 해야 할지 21세기 대한민국 지하철역에서 이렇게 빈번하게 새치기를 당하기도 한다는 사실이 놀랍다.

저시력이다 보니 조심히 다가가 줄을 서서 전철을 탄다. 조심한다고 해도 간혹 줄 서 있는 사람과 부딪치기도 하지만 어쨌든 나름 애써서 줄을 선다. 그런데 슬쩍슬쩍 내 쪽으로 오더니 내 앞에 떡하니 서는 사람들이 있다. 이것은 실화다! 처음 겪을 때는 설마 했는데 사실이었다. 할아버지, 할머니, 아주머니, 아저씨 거기다 젊은 아가씨까지 남녀노소 불문하고 나만 보면 새치기 본능이 꿈틀대는가 보다. 더 기분 나쁜 이는 나를 위아래로 훑어보다가 슬쩍 옆으로 그리고 앞으로 쏙 들어오는 사람이다.

'창피하지도 않나?'

한 젊은 여자가 그렇게 은근슬쩍 뻔뻔하게 새치기할 때였다.

"뭐야?!"

하고 뒤통수에 대고 외쳤다. 그런데 그 젊은 여자는 내가 안 보이니까 자기 보고 한 소리가 아니라고 판단했는지 아니면 그냥 무시한 건지, 한 번 휙 돌아보고는 그냥 들어갔다. 정말 답이 없다. 어떤 아주머니는 새치기하며 들어가다 양심에 걸렸는지 어쨌는지 갑자기 뒤에 있던 나를 잡으며

"아이구, 내가 다리가 안 좋아. 아가씨 조심히 타요."

이러면서 들어간다.

'내가 뭐랬나.'

이런 일들이 기분 안 좋기도 하지만, 시간이 지나서 가족 친구들과 얘기를 하다 보면 웃음이 난다. 그 사람들은 어느 정도 보이는 시각장애인인 줄 모르고 있으니, 자신들의 꼴이 얼마나 웃긴 줄 모를 것이다.

전철에 타면 흰지팡이를 접는다. 자리는 잡기 어렵다. 간혹 조명이 내 눈에 적합한 날이면 자리가 보일 때도 있지만, 느리게 가다 보니 다른 사람과 부딪치기도 하고 해서 그냥 자리는 포기하고 다닌다. 그래서 주로 서 있는데, 앉아 있는 사람들에게 부담을 줄까 봐 일부러 지팡이를 접는다. 사실 그러면 안 된다. 돌발상황에 흰지팡이로 시각장애인임을 인지시켜야 하는 내 의무도 있기 때문이다. 하지만 그냥 접는다. 난 다리는 튼튼하니까. 서서 가다 보면 내가

흰지팡이로 승차한 것을 본 할아버지가 등에 멘 백팩을 당기며 빈자리에 앉으라고 한 적도 있다.

뒷걸음질 치며

"괜찮아요."

해도 할아버지는

"서 있는 게 더 불안해! 안전히 가."

하면서 기어이 자리에 앉혀 주신 적이 있다. 그 할아버지 무척 멋있었다.

"감사합니다."

한 시간 정도의 출퇴근 시간에 이런저런 일을 경험하며 다닌다. 이런 지가 2년이 넘어가니 이젠 다양한 상황에 당황뿐만 아니라 웃어넘길 줄 아는 여유도 함께 얻었다. 산다는 것, 하루하루 살아간다는 것은 때로 참으로 화가 나고 씁쓸하기도 하고 때로는 웃음이 나기도 하고, 마음이 이만큼 커졌다가 요만큼 작아지기도 하고, 다양한 사람들이 고맙기도 하고 무섭기도 하고 그렇다. 같은 시간에 같은 길, 같은 열차를 매일 타도, 이렇듯 다양한 상황과 다양한 사람들을 만나도 바라는 바는 순간순간 소심해지려는 맘을 다시금 바로 잡고 오늘도 내일도 당당하고 힘차게 출근하는 것이다.

21 일하고 배우며

하고 싶은 말은 많고 인생은 알 수 없고. 20살 때 대학교에 다니면서 상상했다. 나도 10년 후에는 회사에 다니는 직장인이 되어 있겠지! 10년이 훌쩍 넘은 지금 회사에 다니는 직장인이기는 하나 시각장애인에 사무직이 아닌 안마사로 근무하고 있다. 상상이나 했겠는가!

헬스키퍼로 일한 지도 어느덧 2년이 넘었다. 이제 회사도 익숙하고 직원들과도 편하다. 사실 회사는 장애인 의무 고용률을 채우기 위해 나를 고용한 것이다. 정해진 고용률을 다 채우지 못하더라도 나를 고용해서 어느 정도의 부담금은 줄었기 때문이다. 그랬다. 정부에서 지정한 장애인 의무고용률과 그것을 채우지 못했을 때 발생하는 부담금. 애초에 내가 고용된 이유는 '나' 자신에게 있지 않았다. 회사도 알고 나도 잘 아는 부분이다. 그래서일까? 2년 넘게 다니고 있지만 이따금 드는 소외감, 분리되고 배제되는 느낌은. 같은 구성원으로 인정받지 못하고 있는 듯한, 말로 뭐라 표현하기 힘든 그 기분. 뭐랄까, 어쩔 수 없는 현실인 걸까? 세상에 대한 서운함 그래 세상에 대해서도 회사에 대해서도 서운할 때가 있다.

그래도 직원들의 따뜻한 마음에 회사에 대한 서운함은 잊고 나름 기분 좋게 다니고 있다. 지나가면 문이나 엘리베이터를 잡아주고 회사 입구나 복도 등에 환경 변화가 있으면 다가와서

"선생님 거기 조심하셔야 해요. 저도 넘어질 뻔했어요."

라고 말도 해 준다. 또 어느 날인가 퇴근 시간에 전철역까지 안내 보행을 해주겠다며 다가오는 직원도 있었다. 쉬운 일이 아닌데 그 마음이 무척 고마웠다. 상상하지 않았던 인생의 모습이지만 소소한 인간미를 느끼며 나름 만족하며 살고 있다.

안마를 받으러 자주 오는 직원 중에는 이제 제법 친해져서 편하게 이야기를 주고받는 사람들도 있는데 이런 질문을 받은 적이 있다.

"집에서 어떻게 음식을 해 드세요?"

"출퇴근 힘드시지 않아요?"

"선생님은 어떻게 사람을 알아봐요?"

사람들은 시각장애인인 내가 어떻게 살아가는지를 궁금해한다.

"신기하게도요 사람이 다 적응하고 살아요. 안 보이면 안 보

이는 대로 다 방법이 있더라구요."

하고 대답하면 직원들은

"아 그래요? 그래도 신기해요."

하고 말한다.

난 말이 많지 않다. 그래서 오래 만나온 사람들이 아니고서는 나를 잘 모른다. 예전 팀장한테 사교성이 떨어진다고 늘 구박을 받아 그나마 좀 나아졌지만 그래도 여전히 조용한 편이다. 직원 중에는 그런 나를 조심스러워하는 사람도 있고 상대적으로 좀 더 편하게 말을 붙여오는 사람도 있다. 이야기를 나눈 사람들과는 벽이 금세 허물어지기도 했다.

내가 일하는 총무팀 소속의 헬스키핑룸은 회사의 영업에 직접적 영향을 주는 부서도 아니고 업무에 있어 경쟁하는 부서도 아니다. 그저 회사 직원들의 복지 차원에서 휴식과 피로회복을 돕는 일이기에 예전 병원 콜센터에서 일하던 것과는 다르게 스트레스가 많지는 않다. 비장애인 근로자들과 같은 업무로 경쟁하며 일하던 예전에는 업무 관련이든 업무 관련이 아니든 민감한 상황에서 장애인 근로자라는 꼬리표에 상처를 받기도 했지만 지금은 직접 그런 상황이 아니다 보니 마음 편하게 일을 하고 있다.

안마사 1인당 하루 최대 네 건을 하게 되어 있는데 평균적으로 세 명 정도가 온다. 예약하고도 업무가 바빠 못 오는 직원들이 간혹 있다. 그래도 거의 빠지는 시간 없이 직원들이 와서 안마를 받는다.

안마는 30분 동안 이루어진다. 나머지 30분은 휴식시간을 갖는다. 육체노동이다 보니 휴식시간이 보장된다. 그리고 반일제 근무라 계획한 대로 하루의 남은 시간은 나를 위해 쓸 수 있는 여유가 있다. 그 시간에 중도 장애로 인한 어려움을 이겨내기 위한 공부를 할 수 있다. 그중 하나가 컴퓨터 공부이다.

눈이 잘 보이지 않게 되자 컴퓨터 활용에 문제가 생겼다. 현대인에게 PC 사용이 얼마나 중요한가는 말할 필요가 없다. 눈을 사용하지 않고 음성프로그램을 이용해 컴퓨터를 다루는 것은 결코 만만한 일이 아니었다. 근무시간이 짧은 일을 하는 덕분에 일상생활에서 매우 중요한 것을 배울 수 있었다.

어느 날 이메일을 확인하려고 컴퓨터 앞에 앉았다. 컴퓨터 화면 빛에 눈이 부시기 시작하면서 눈에 부담이 적은 고대비 기능을 활용해 컴퓨터를 사용하고 있었다. 그런데 이용하던 이메일 창이 변했다. 디자인이 바뀌고 메뉴의 위치도 모두 바뀌어 버린 것이었다. 원하는 메뉴가 어디 있는지 눈으로는 아무리 봐도 확인이 안 되어 불안하기 시작했다. 찾다 찾다 울음을 터트렸다. 화면을 고대비로 해도 안 보이고 고대비를 풀면 더욱 안 보이고. 이제 눈으로 컴퓨터 활용이 안 되는 사람이 된 것이다.

몇 주가 지나고 한 복지관의 컴퓨터 수업을 신청했다. 오전에 수업 듣고 오후에 일하러 가면 되겠다 싶었다. 반일제 근무의 가장 큰 장점이었다. 그래도 가기 전에 사실 걱정이 많았다. 몇 번 복지관 컴퓨터 수업을 들어본 적이 있었다. 시각장애인들은 보조공학기기인 화면낭독 소프트웨어를 컴퓨터에 설치해 음성으로 컴퓨터를 활용한다. 그것을 배우는 음성이 정말 미칠 것 같았다. 여자 목소리인데, 우리말인데도 외국 말하는 것 같기도 하다. 못 알아들어 짜증만 나고 다들 진도 나가는데 다시 듣기만 하고 있으니 답답한 적이 많았다. 그래서

"안 해!"

하고 때려치우고, 컴퓨터를 할 때는 억지로 눈을 쓰며 버텨 왔었다. 그런데 이제는 정말 버티기 어려운 상황이 온 것이었다.

집에서 인터넷 강의로 배울 방법도 있었지만 독학은 체질에 안 맞는 사람이다. 어딘가 가서 수업을 듣고 강사의 진행에 따라 진도에 맞춰 배워야 공부가 되는 타입이다.

'이번엔 잘 할 수 있을까?'

반신반의하며 강의실에 들어섰다. 한 여자 선생님이 반겨주었다. 정안인 선생님이었다. 사실 그동안 나와 같은 시각장애인 선생님한테만 수업을 들었기에 새롭게 느껴졌다.

신청한 강의는 인터넷 활용 수업이었다. 수업 시작에 앞서 선생님은 우리가 활용해야 하는 보조공학기기로 인터넷을 활용하게 되는 방법 및 원리를 설명해주셨다.

'아!'

그 개요를 듣고 갑자기 매우 기뻤다. 사실 이전 수업들은 그런

사전 설명이 없었다. 무작정 사이트에서 원하는 곳으로 가기 위한 단축키만 알려주기 바빴고, 왜 그렇게 가게 되는지에 대한 설명이 없었다. 그래서 시키는 대로 하면서도 원리를 모르니 수박 겉핥기식으로 배웠던 것이다. 그래서 단순 암기식으로 외웠던 단축키를 잊으면 아무것도 못 하고 다시 원점으로 돌아가기 일쑤였다.

그런데 이 선생님은 인터넷 활용을 하기 전 우리가 사용하는 보조공학기기로 컴퓨터를 하게 되면 음성이 화면을 어떤 방식으로 읽어주는지, 원하는 방식으로 읽어주게 하려면 설정을 어떻게 하고 시작해야 하는지부터 꼼꼼히 설명해주었다. 그리고 선생님은 단축키를 알려주기 전에 이용하는 사이트의 전체적 구조를 하나하나 방향키와 탭키로 걸어보면서 알아보게 하고, 그 사이트가 어떤 구조로 만들어져 있기에 걸어가면서 그 사이트에서 원하는 부분으로 가는지 단축키를 스스로 찾아볼 수 있게 해주었다. 원리를 알려주고 진행되는 수업은 나에게 안성맞춤이었고, 완전 흥분 상태였다. 선생님도 수업도 아주 좋았다.

그렇게 1년 넘게 수업을 들었다. 인터넷 활용, 이메일 보내기, 뉴스보기, 검색하기 등을 배웠다. 그리고 장애인 인식개선 공부를 하고 있었기에 그에 필요한 파워포인트 작업도 배웠다. 파워포인트는 장애인인식개선 강의 시, 보이는 사람들을 위한 시상 작업으로써 필요했다. 음성으로만 만드는 파워포인트는 단조롭기는 했지만 그래도 나름 괜찮았다.

1년 넘게 익혀나가는 사이 거부감이 심하던, 외계어 같던 보조공학기기의 여자 음성 목소리도 차츰 잘 들리기 시작했다. 잘 들리기 시작하니 이제는 컴퓨터 작업이 즐거워졌다. 화면을 눈으로 보려고 발버둥을 치며 울던 과거의 나는 사라졌다.

아직도 서툰 것들이 있기는 하다. 그래도 급한 일 없으니 천천히 하나하나 익혀 가면 된다. 복지관에서 진로를 고민했을 때 헬스키퍼를 선택한 것이 정말 잘한 일이었다고 생각한다. 급여가 많지는 않지만, 직장도 다니면서 장애에 필요한 훈련들도 할 수 있는 시간을 가질 수 있어 인생에 얼마나 도움이 되는지 모른다. 요즘 정말 시간을 금처럼 사용하고 있고 그것은 큰 기쁨이다.

어쩌려고 혼자 다녀?

22 나만의 방식

　살아가는 방식은 모두 다르다. 사람들은 시각장애인이라고 하면 어떤 생각을 먼저 할까? 물론 사람과 상황에 따라 다르겠지만 매번 다양한 반응들을 보니 다양한 사람들의 다양한 반응이 또한 매번 궁금하다. 내가 비장애인이었을 때는 시각장애인에 대해 전혀 생각해 본 적이 없었다. 간혹 스치듯 생각할 일이 있었을 때는 그저 막연하게 스스로 무언가를 할 수 없지 않을까 정도 생각했던 것 같다. 하지만 막상 내가 시각장애인이 되어 보니 비장애인일 때와는 다른 방식이지만 대부분 다 그냥 똑같이 해내고 산다.

　시각장애인이 된 이후 일상. 내 변한 일상들. 눈 질환을 알고, 딱 10년이 지난 지금 눈의 상태는 많이 달라졌다. 질병이 많이 진행된 것인데 완전히 안 보이는 것은 아니지만 뿌옇게 보이고 시력도 꽤 떨어졌다. 시야도 좀 좁아진 것 같은데 워낙 서서히 진행되는 것이 시야인지라 좁아지는 속도만큼 적응 속도도 비슷해서 다른 증상보다는 체감이 덜 하다.

눈이 정말 잘 안 보이게 되니 시각장애인이 되었구나 하고 절실히 느낀다. 책 읽기, 컴퓨터 하기, 이동하기 등의 일상에서 예전과는 다른 방식으로 살아가고 있다. 보조공학기기나 점자로 책을 읽고 이동할 때는 흰지팡이를 꼭 이용하고 있다. 집에서의 일상생활도 달라지고 있다.

요리할 때도 나만의 규칙을 정해서 한다. 요리할 때 가장 중요한 점은 주변 정리다. 싱크대는 정말 깨끗하게 정리한 후 사용한다. 다른 물건들이 올라와 있으면 헷갈리므로 정해놓은 순서대로 싱크대에 정렬하고 재료와 도구의 위치를 파악한 후 요리를 한다. 요리 도중에도 틈틈이 정리하고, 위치를 파악한다. 그리고 요리할 때는 반드시 혼자 해야 한다. 한 명만 더 있어도 부딪히고 우왕좌왕하게 되어 더 위험하기 때문이다.

된장찌개를 끓인다고 하면 싱크대에 재료를 모두 꺼내놓고 하던 예전과 달리, 재료를 하나씩 꺼내 손질하고 그릇에 각 재료를 담아 왼쪽부터 순서대로 정렬해놓고 준비가 되면 만들기 시작한다. 그래도 원래부터 요리를 하던 터라 좀 안 보여 더듬거리기는 하지만 나름 잘하고 있다.

제일 힘든 음식은 부침개다. 내가 제일 좋아하는 김치부침개! 반죽까지는 하겠는데 팬에 올리고 모양을 내어 부친 후 뒤집는 게 무척 난감하다. 기름에 몇 번 데였다. 그래서 예전에는 팬에 둥글고 크게 만들던 부침개를 요즘은 작게 만든다. 부침개가 익었는지는 눈으로는 잘 구분하기 어렵다. 불을 가장 약하게 하고 부침개를 되도록 얇게 부치면 그래도 나름 익은 정도를 짐작한다. 내가 체계적인 사람이 아니라 좀 대강 요리를 해서 간혹 덜 익은 적도 있기는 하다. 그러면 더 익히면 되니 별일 아니다. 반면 숟가락에 그냥 간장을 따르는 것은 참 어렵다. 양 조절이 어려워서이다. 그럴 때는 그릇에 어느 정도 따른 후 숟가락으로 덜어서 사용한다. 의도치 않게 너무 많이 따라진 날은 요리를 더 하거나 작은 그릇에 담아 다음에 사용하기도 한다.

빨래할 때도 세탁기의 버튼이 많아 구분이 힘들기에 가장 중앙이 되는 버튼에 점자 스티커를 붙여놓았다. 그 스티커 중심으로 버튼들을 파악해 이용한다. 세제는 그냥 부으면 양을 모르기에 손가락을 살짝 세제 입구에 대어 나오는 양을 손으로 느끼며 넣거나 세제 뚜껑에 담아 양을 가늠하고 넣는다.

집에서의 생활 변화와 더불어 흰지팡이로 이동하는 바깥세상에서의 일상도 많이 변했다. 낯선 사람들과 이래저래 대화도 많이 하고 별별 일을 겪게 된다. 사실 우리나라 사람들의 장애인에 대한 인식은 예전보다 많이 좋아졌다고 생각한다. 길을 다니다 보면 대부분 사람들은 흰지팡이로 걷는 나를 피해 주고 혹여 부딪치더라도 금방 사과하고 지나간다. 좀 더 적극적이거나 장애인에 대해 좀 안다 하는 분들은 다가와 말도 걸고 도와주겠다고 하는 등 호의를 베풀기도 한다.

 카페나 마트, 은행, 미용실 등에 가도 우리나라가 많이 좋아지고 사람들의 생각이 많이 달라졌음을 느낄 수 있다. 카페에 가서 메뉴가 안 보이니 알려 달라고 하면 대부분 친절히 말해주고, 미용실에서도 잘 안 보인다고 하면 머리 감으러 갈 때 팔을 잡아주고 위치도 잘 설명해준다. 은행도 마찬가지다. 입구에 들어서 시각장애인이라고 도움을 요청하면 내 번호 순서에 이용할 창구로 안내해주고, 창구 직원도 위치를 알려주어 서명할 수 있게 해주는 등 업무를 도와준다. 눈이 보일 때는 그냥 하던 일들을 안 보이니 나름의 방식들을 만들어 하고 있다. 집 밖에서는 장애를 알려 받을 수 있는 서비스를 받는다.

 하지만 이렇게 해도 안 되는 일은 있기 마련이다. 헬스장 이용이 그렇다. 많은 사람 특히 비장애인 위주로 운영되는 곳이다 보니 어려움이 많다. 시각장애인 복지관에 헬스장이 있으나, 거리상 그곳까지 매일 가서 운동하기는 어렵다. 그래서 동네 헬스장을 이용했는데, 다행히 사장님이 조심히 이용하시면 괜찮을 거라며 안내를 해주어 이용은 했었으나 그래도 위험 요소가 많은 건 어쩔 수 없었다.

 달라진 일상. 기분이 안 좋은 날은 변화된 일상이 싫다. 눈 보일 때는 그냥 편하게 하고 누구에게 부탁하지 않아도 됐었는데 이제는 뭐 하나 하려면 신경 써야 할 것들이 많이 생기니 짜증이 나곤 한다.

그래서 사실 나도 모르게 사람들에게 짜증을 내고 신경질을 내기도 한다. 나중에 후회가 되는 부분이다.

"네가 얼마나 보이는지 잘 모르겠어."

주변 사람들, 그중에서도 우리 가족들이 가장 많이 하는 말이다. 맞는 말이다. 얼마나 어떻게 보인다고 설명하기 힘든데 그들은 어떻겠는가! 늘 고마우면서도 미안하기만 하다. 친구들을 만날 때도 그렇다. 비장애인 친구들은 정말 신경 써주고 자연스럽게 이해해준다. 하지만 나로 인해 그들이 막상 하고 싶은 활동을 못 하는 경우가 생길 때는 너무 마음이 안 좋다. 뷔페에 가면 친구들은 괜찮다고 하지만 음식까지 가져다주는 친구들에게 정말 미안하다. 쇼핑할 때도 마구 돌아다니면서 수다 떨곤 하던 일을 이제는 옷이 이래 신발은 저렇고 하며 디자인 설명해주랴 신경 써주는 친구들. 고마우면서도 늘 미안하다.

장애라는 것은 그저 신체나 정신에 온 만성적 어려움을 넘어서는 그 이상의 고통이 있다. 장애로 인해 다수가 그냥 누리는 생활을 못하기에 소외된다. 그리고 소외에서 벗어나 같은 일상을 누리려면 누군가에게 도움을 받아야 하는 삶! 그건 생각보다 너무 힘든 일이다. 그래도 장애에 맞추어 일상을 변화해 나가는 과정. 장애를 가지고 세상 사람들과 함께 살아가기 위해 작고 사소한 것마저도 일일이 부딪히며 나아가는 하루하루 모든 순간순간이 인생의 중요한 조각들이다.

23 소용돌이

장애는 있지만 남들처럼 평범한 삶을 사는 사람. 20대가 저물어 가던 시점 눈에 대해 처음 알았을 때 막연히 생각했던 그리고 바랐었던 내 모습. 그렇다. 상상도 못 했던 이유로 많은 것이 달라졌으나 변하고 싶지 않은 것이 있었다. 그게 무엇이었을까? 서쪽 하늘로 저물어가는 석양처럼 서서히 변해가던 내가 지키고 싶었던 것은 과연 무엇이었을까?

처음부터 눈이 안 보이고 그래서 그에 따라 인생을 설계하던 사람이면 어땠을지 모르겠지만 한순간에 모든 것이 달라져 버린 나로서는, 전혀 예상하지 못했던 곳에서 뒤통수를 맞은 나로서는 모든 게 당황스럽고 혼란스럽고 낯설었다. 조금씩 익숙해가던 세상살이를 처음부터 다시 적응해야만 하는, 기존과는 다른 방법으로 처음부터 다시 적응해야만 한다는 유쾌하지 않은 과제가 생긴 것이다. 고작 서른도 안 되었을 때이다. 철없던 시절을 이제 막 넘기며 곧 어른이 되리라 기대하던 나이였다. 그런데 하루아침에 다시 어린아이가 되어버린 기분. 그간 살아온 인생이 시간이 모두 물거품처럼 사라져 버린 기분. 억울했고 분했고 눈물이 났다. 한참을 울었다. 가만히 있다가도 울고, 밥 먹다가도 울고, 자다가도 울고, 화장실에서도 울었다. 울고 나니 전에 없던 오기가 생기기 시작했다.

"이 망할 세상! 가뜩이나 가진 것도 하나 없는데 이렇게까지 해야겠어? 그래 두고 보자! 내가 굴할 거 같아?"

처음엔 그랬다. 젊어서 더 그랬고 가진 게 없어서 더 그랬다. 취업도 못 했고 공무원시험도 다 떨어졌고 아쉬울 게 없는 맨몸이라서 말이다. 기운도 넘치고 도전에 두려움보다는 어떻게든 방법이 있을 것이라는 막연한 희망이 있었다.

직접적인 아무 일도 일어나지 않았었기에 더 파이팅이 넘쳤던 것 같다. 게다가 성격이 급한 편이라 그냥 가만히 앉아 고민만 하지 못하는 것도 한몫했다. 40대를 눈앞에 둔 지금 10여 년 전과는 아주 다르다. 겁이 난다. 위축도 된다. 그동안 많이 깨지긴 했나 보다. 이것저것 많이 배운다고 배웠지만 뭐니 뭐니 해도 가장 크게 배운 건 역시 현실은 만만치 않다는 것이었다. 하나부터 열까지 사소하든 그렇지 않든 생활 전반에 걸친 크고 작은 장벽들 그리고 두려움. 나만의 방법으로 헤쳐 나간다고는 하지만 이따금 지치는 마음은 어찌해야 할까? 달라진 인생에서 오는 변화를 감당해야 하는 건 보통 일이 아니다.

눈이 안 좋아짐에 따라 하나하나 일상을 바꿔 왔다. 물리적 훈련은 연습하면 될 일이지만 요즘은 그 연습마저 지치기도 한다. 나에게 다가오는 한계가 싫다. 20년 넘게 하던 간단한 일들도 되지를 않으니 요동치는 마음은 나도 어찌지 못할 때가 많다.

어느 날 아침이었다. 믹서기에 주스를 갈아먹는데 양이 많았는지 주스가 믹서기에서 좀 튀었는데 어디로 튀었는지를 모르겠다. 행주로 여기저기 닦는데 결국 싱크대를 다 닦았다. 번거롭고 짜증이 났다. 컨디션이 좋을 때는 뭔가를 해내고 있는 내가 기특하여 그마저도 즐겁다. 하지만 상태 나쁜 그날과 같은 날은 뭘 해보겠다고 덤비는 내가 싫다. 장애가 있다고 일상생활마저도 훈련과 연습을 해야 한다는 것 자체만으로도 물론 고되지만, 과정에서 끊임없이 오는 좌절과 한계 그로 인한 정신적 고통은 너무 힘들다. 성격이 점점 이상해지는 것도 같고, 가족들에게 짜증도 많이 내고 ……. 그렇다고 안 할 수도 없고. 단련. 정신적 단련. 아마 평생에 걸친 과제일 것이다. 이렇게 개인적 일상에서 오는 한계도 힘들지만, 사람들과 부딪침에서 오는 초라함이랄까, 왠지 모를 요상한 특별대우를 받는 느낌이랄까, 지나친 배려랄까, 그런 것에서 오는 숱한 고민과 갈등도 괴롭힌다.

초라하게 느껴지는 날. 그날은 혼자 마트에 갔다. 욕실 세제를 사고 싶은데 물건에 써 있는 글씨들이 잘 보이지 않아 도움이 필요했다. 눈이 보이면 금방 될 일을 보이지 않으니 도움이 필요했다.

"제가 시각장애인이라서요 잘 안 보여서 그런데 좀 도와주시겠어요?"

하고 근처의 직원에게 도움을 청했다. 그 질문 하나. 그거 엄청 어렵다. 말 꺼내기도 힘들지만 직원 찾는 것부터 일이다. 누가 직원인지 알 수가 없다. 마트에 장 보러 온 사람에게 말을 건 적도 많다. 하지만 그날은 다행히도 근처에 직원이 물건을 진열하는 걸 분명히 보고 다가갔다. 그런데 직원이 내 말에 갑자기 목소리 톤을 높여 엄청 크게 말하는 것이다.

'뭐지?'

당황스러웠고 주변이 보이지 않아도 그냥 창피했다.

"저 소리는 잘 들리니까요. 조용히 설명해주셔도 돼요."

이렇게 말을 하니 멋쩍게 웃으며 설명을 이어간다. 안 보인다고 하니 발음을 정확하게 해서 또박또박 말을 해 주어야 한다고 생각했나 보다. 그날 컨디션이 좋지 않았던 나는 어찌 보면 사소할 수도 있는 그런 상황이 결코 가볍지 않게 느껴졌고 결국 아무것도 사지 않은 채 마트를 나왔다. 그리고 그냥 집에 가서 막 울었다.

직원이 나를 모욕한 것은 없다. 그저 도와주려 한 것뿐인데 왜 그것 하나 이해를 못 하고 이 난리인지! 결국 최종 화살은 자신을 향한다. 내가 나를 감당하는 일. 남들은 자연스럽게 하는 일을 못 하는 내가 너무 힘들다. 그 과정에서 사람들이 별 뜻 없이 혹은 도와주기 위해 하는 말과 행동에 혼자만 상처받는 내가 너무 힘들다. 정신적 단련이 안 되어서 그런 걸까? 따지고 보면 누구의 잘못도 아닌 것을. 할 수 있는 건 자책밖에 없다. 사람들은 그저 도우려고 한 것뿐인데 그건 아는데, 그냥 이런 상황에 있는 내가 싫다. 어쩌다가 도움을 받아야만 하는 사람이 되어버린 것일까. 무너진 자존감은 쉬이 회복되지 않는다.

또 힘든 일은 내가 잘 안 보이니 당연시되는 배제나 분리 그리고 지나친 조심성과 과도한 배려이다. 그저 사람이고 싶다. 따로 구분되고 싶지 않다. 사회에서 구분되는 것도 속이 상하는데 친구들이나 가족들로부터도 구분된다는 것은 정말 속이 상하는 일이다. 여전히 여기에 있는 것이 사랑하는 사람들에게 폐를 끼치는 일인 걸까? 그렇다면 과연 어디로 가야 할까? 내가 있을 곳은 어디인가? 가까운 사람들로부터의 구분은 서운함과 속상함을 넘어서 극심한 외로움을 불러온다.

물론 그들이 의도한 것은 아니다. 단언컨대 아무도 내가 그런 감정에 빠지기를 원한 사람은 없다. 그런데도 서글픈 현실은 생각보다 자주 곳곳에서 발생한다. 예를 들어 친척들 잔치에 난 당연히 안 가는 거다. 사실 나도 가고 싶지는 않다. 오랜만에 만난 친척들이 불쌍하게 바라볼까 봐 우선 나부터도 가기 싫다. 하지만 어느샌가 가족들은 의사를 물어보지도 않는다. 당연히 안 가는 거다. 자연스러운 배제, 자연스러운 분리. 이해되는 부분이면서도 마음 한구석이 쓸쓸하다. 이해된다! 이해할 수 있다! 그럴 수 있다! 하면서도 자꾸만 마음이 좁혀져 온다.

다른 장애인들은 안 그렇다고 하는 이야기를 들으면 또 더 서글프다. 얼마 전 유튜브에서 한 장애인이 자신을 포함해 형제가 있는데, 명절에 집에 가면 다른 미혼인 비장애인 형제에게는

"결혼 안 하냐?"

며 물어, 형제가 스트레스를 받는데 자신에게는 묻지 않는다며 자신은 좋다고 말하는 영상을 보았다. 그걸 보면서 한숨이 나왔다.

'그게 뭐가 좋다는 것인지 ······'

나는 같은 질문을 받는 편이 좋다. 왜 그 사람은 그게 좋다고 생각하게 되었을까? 장애가 있다고 비장애인 형제와 구분할 필요가 있을까? 장애인은 연애도 결혼도 안 하나?

"야! 너도 연애도 하고 결혼도 해야지. 노력하면 안 되는 거 없다. 인생 뭐 있냐! 노력해 봐."

이렇게 말해주면 이상한 건가? 누구나 겪는 일 자연스럽게 겪고, 스트레스도 받고 대화도 하고 짜증도 내면서 살고 싶다. 구분하여 생각하고 바라보고 의식하여 행동하고 말하는 거 싫다. 자연스러운 것이 좋다. 비장애인 형제와 구분하여 질문하는 가족들 덕분에 스트레스 안 받아 좋다고 하는 그가 신기했다.

똑같이 대해주는 인생을 살고 싶은데, 그게 안 돼서 힘든데 나

만 이런가 싶어 또 서글프다.

"저 장애인이지만 힘든 것도 없고요. 불행하지도 않아요. 늘 행복해요."

이렇게 말하는 장애인들은 이상한 사람으로 보인다. 뭐가 힘들지 않다는 거지? 어디서 정신수양을 하고 왔는지 모르겠지만 나는 그렇지 않다. 혼자 있을 때나 사람들 속에 섞여 있을 때나 그 안에서 달라진 내 모습이 아직도 낯설고 감당이 잘 안 된다.

이렇듯 스스로가 힘이 드니 늘 이런저런 생각을 하게 된다. 다수의 사람들 속에 자연스러운 존재로 있을 방법은 뭘까? 고민하고 고민하다가 생각이 귀찮아지면 그냥 다 포기하면 차라리 마음이 편해지지 않을까 하는 생각도 한다. 원하는 대로 세상이 변하는 것보다 포기하는 게 더 빠를 테니까. 이런 마음 깊은 곳의 소용돌이는 어쩌면 평생 갈지도 모르겠다. 그런데도 다행스러운 것은

"괜찮아. 그럴 수 있어."

"별거 아니야."

그렇게 자신을 위로하며 크게 동요되지 않고 차분하게 받아들이면서 다시금 씩씩하게 지내는 날들도 많다는 것이다. 그리고 그런 나를 대견하게 바라보는 눈도 내 마음에 있다는 사실이다.

24 고객님의 건의사항

어느 날이었다. 반찬이 다 떨어져 장을 보러 동네에 있는 대형 마트에 갔다. 혼자 마트에 가면 장볼 거리를 딱 다섯 개 안쪽으로 산다. 계산할 때 너무 많으면 산 것을 전부 장바구니에 담았는지 모르기 때문이다. 마트 계산대에 있는 분들은 아주 빠른 속도로 일 처리를 한다. 속도가 생명이니까. 구매자들도 일 처리 속도에 맞추어 구매한 물건들을 척척 장바구니에 넣어 가기를 믿어 의심치 않는 것 같다. 너무 빨라서 뒤에 손님이 산 물건과 섞일 때도 있다. 그럴 때 대략 난감하다. 그래서 그런 일을 미연에 방지하고자 살 물건을 소량으로 하여 그들의 일 처리 속도에 리듬을 맞추려 애쓴다. 웃기지만 그렇다.

"시각장애인이에요. 좀 천천히 해 주시겠어요?"

이런 말 구구절절하기 귀찮으니 그러고 사는 것이다.

우리 동네 마트는 구조를 잘 알고 있어서 흰지팡이를 접고도 천천히 다니면 다닐만하다. 단, 사람이 많을 때는 지팡이를 펴긴 하지만 아무튼 그날은 마트가 한적한 시간이라 흰지팡이를 접고 천천히 볼일을 보았다. 그리고 마지막 계산의 시간이다. 그런데 그날은 문제가 좀 생겼다. 현금을 챙겨가서 결제하며

"현금영수증 해주세요."

라고 했는데, 현금영수증 할 핸드폰 번호를 앞의 단말기에 직접 찍으라고 하는 것이다.

"제가 시각장애인이라서요. 글씨가 안 보이는데 번호 불러드려도 될까요?".

라고 했다. 평소에도 그렇게 하면 이 마트에서도 그랬고 다른 식당이나 카페에서도 해 주었기에 별문제 없을 거란 생각으로 말을 했다. 그런데 그 직원이 대뜸

"같이 오신 분 없어요?"

이러는 것이다.

"왜요?"

"현금영수증 받으실 휴대폰 번호 본인이 직접 입력하셔야 해요."

"네?"

당황스러웠지만

"저 시각장애인이고 동행인 없어요. 그냥 해주세요, 제가 해달라고 하는 거니까 괜찮지 않을까요?"

"그래도 안 되는데. 같이 오신 분 없어요?"

순간 짜증이 확 났다.

"왜 그러시는 거죠? 지난번에 다른 직원분은 그냥 해 주셨는데 뭐가 달라진 거죠? 2만 원어치 물건 사고 현금영수증 하는데, 이렇게까지 하실 필요가 있나요?"

"저희는 하라는 대로 하는 거예요."

하라는 대로 한다는 그 말이 서럽게 했다.

"그럼 시각장애인은 혼자 장 보러 오면 현금영수증 어떻게 해요?"

하니, 상급자를 불러 물어보고는 한숨을 푹 쉬며

"번호 불러주세요."

하고는 계산을 마무리해주었다. 너무 어이가 없었다. 이게 무슨 상황인지 마트에서 직원과 더 말다툼하기도 싫었고 직원의 태도도 너무 싫어서 그냥 집으로 왔다. 그리고는 그 상황이 이해가 안 되어 대형마트의 콜센터에 문의를 했다. 겪은 상황을 말하며

"왜 꼭 본인이 현금영수증 할 휴대폰 번호를 직접 입력해야만 하는지 법적 근거가 뭔가요? 저 같은 고객을 위한 방안이 마련되어 있는 것이 없나요?"

물으니, 법적 근거는 국세청에 물어보라 했고, 개인정보보호를

강화하여 현금영수증을 위한 휴대폰 번호를 고객 본인 또는 보호자가 입력하게 하거나 아니면 현금영수증 카드를 제시해야 한다는 회사 규정이 있다고 했다. 회사 규정만 있다고 하고는 법적 규정은 모른다는 것이다. 일단 전화를 끊고 국세청에 전화했다. 상황을 말하니 현금영수증 받을 때 꼭 본인이나 보호자가 휴대폰 번호를 입력하라는 것이 법에 정해져 있지는 않고, 아마 개인정보보호 차원으로 회사에 있는 내부규정 같다는 것이다. 다시 마트 콜센터에 전화하여 국세청에서 들은 내용을 말하고 회사 내부규정도 중요하겠으나, 시각장애인이나 어르신 등 직접 입력이 어려운 고객이 현금영수증 카드를 꼭 가지고 있지 못할 때도 있으니 관련 규정의 예외사항을 두어야 하지 않겠냐고 물었다. 열불이 나서 막 콜센터에 떠들었으나, 상담직원은 아주 차분히 답했다.

"네 고객님의 건의사항 올리겠습니다."

정말 한다는 것인지, 아무튼 다음에 마트에 갔을 때는 현금영수증 받을 휴대폰 번호 내가 부르는 대로 입력은 해주었다.

사는 게 힘들다. 마트 직원이 신입인 건지 융통성이 제로인 건지 모르겠지만 왜 자신들이 만들어 놓은 틀에 맞추지 못하는 소수의 사람들을 위한 생각은 못 하는 건지 안 하는 건지 정말 아쉬움이 가득하다. 세상은 다수를 중심으로 돌아간다. 수요가 많은 쪽이 우선시 되는 것은 나로서는 어쩔 수 없는 일이다. 다수의 사람을 중심으로 만들어져 가는 세상. 그러나 그 안에 분명히 존재하는 소수의 사람들. 소수 중에서도 약자에 속한다고 생각이 드는 것은 지나친 피해의식인 걸까? 소수들은 다수 중심으로 돌아가는 사회 안에서 서운한 것이 많다.

　최근 들어 서운하다 못해 서러운 것이 발달하는 문명에 대한 소외이다. 예를 들어 요즘 많이 볼 수 있는 것이 화면을 터치하는 전자제품들이다. 시각적으로 참 세련된 제품들이 다양한 자태를 뽐내고 있다. 그리고 은행, 패스트푸드점, 식당에 가도 태블릿 PC나 무인주문기의 화면을 터치하여 이용하게 되어있는 곳이 참 많다. 눈이 보였다면 그 문명들이 얼마나 유용했을까 하는 생각이 든다. 그러면서 그 문명을 누리지 못하는 현실이 참 아쉽다. 아쉬우면서도 서럽다.

　다수의 사람을 중심으로 만들어진 세상에서 소수의 약자라는 사람들은 어쩔 수 없이 소외되는 세상과 마주한다. 근데 말이다. 세상이 말이다. 약자들이 편한 세상을 만들어 가면 다수의 사람에게는 불편하거나 힘들어지는 부분이 생기는 걸까? 약자인 우리도 가능하다면 다수의 사람도 모두 가능하니 괜찮지 않을까? 물리적인 환경부터 사람들의 인식, 사회제도 등 모든 면에서 말이다.

　'약자 중심으로 만들어 가는 것이 우선시 되면 다수에게 무슨 큰 문제라도 생기는 걸까?'

　요즘은 이런 생각들이 많이 든다. 유니버설 디자인(universal design)이란 것을 누구나 한 번쯤은 들어봤을 것이다. 모든 사람을 위한 디자인, 범용디자인이라고 하는 그것은 제품, 시설, 서비스 등을 이용하는 사람이 성별, 나이, 장애, 언어 등으로 인해 제약을 받지 않도록 설계하는 것을 말한다. 우리 주변에 흔한 예로는 계단이 아닌 경사로를 만들어 놓은 것을 들 수 있다. 이렇게 우리 사회는 약자들이 갖는 제약을 없애는 움직임이 여러 곳에서 일어나고 있기는 하다.

그래도 막상 시각장애인이 되니 가정에서부터 사회까지 다가가기 힘든 장벽들이 너무 많다. 장벽 앞에서 내 마음은 끝없이 무너지기도 한다. 더욱이 타인의 인식으로 인한 마음의 장벽 앞에서는 더욱 그렇다. 약자와 소수들도 자연스럽게 다수의 사람과 함께 녹아들어 경계선이 보이지 않는 세상, 소수와 약자들 중심으로 세상이 만들어지고 이로써 제약이 사라지면 '**다수**'니 '**소수**'니 하는 말 자체도 필요 없지 않을까. 세상에 너무 과한 바람을 가진 것일까? 너무 특별한 생각을 하는 것일까? 언젠가는 세상이 약자의 입장을 먼저 생각할 수 있는 여유를 가진 세상이 되기를, 그런 넉넉한 마음이 있는 세상이 오기를, 그래서 사람과 사람 사이를 구분 짓는 경계선의 굵기가 조금이나마 얇아지는 날이 오기를 어제도 오늘도 그리고 내일도 기대해본다.

25 나름의 쓰임새

　흰지팡이를 열심히 두드리며 출근을 하던 어느 날이었다. 전철을 탔는데, 운 좋게도 노약자석이 비어 있기에 자리에 앉았다. 장애인이 되어서 몇 안 되는 좋은 것 중에 하나다. 노약자석에 앉을 때는 흰지팡이를 접으면 절대 안 된다. 장애인인 줄 모르고 할머니 할아버지들이 타박할 수도 있다. 내가 이 자리에 앉을 만한 사람이라는 표시로 지팡이는 쫙 피고 앉았다. 흐뭇하게 가고 있는데, 다음 역에서 한 할머니가 타셨고 옆자리에 앉으셨다. 그런데 다음 역으로 들어가는 중 전철 내 안내 방송이 좀 작게 들렸다. 옆에 계신 할머니가 계속해서

　"여기 무슨 역이지?"

　하고 혼잣말을 하듯 중얼거리셨다. 아무래도 내릴 역을 놓치실

것 같아

"여기 동대문역사문화공원역이에요."

하고 알려드렸다. 근데 할머니가 내 목소리도 안 들리신 건지 또

"여기 무슨 역이지?"

하는 것이다. 좀 더 크게

"여기 동대문역사문화공원역이에요."

했다. 그랬더니 할머니가 갑자기 나를 보며

"아가씨는 얼마나 보여?"

하는 것이다.

'뭐지?'

괜스레 겁도 나고 당황스러웠다.

'이 할머니 왜 이러시지?'

하는 생각을 하며

"희미하게 보여요."

라고 대답했다. 잠시 뒤, 할머니는

"우리 딸도 눈이 안 보여. 좀 보였었는데 지금은 안보여서 집에 있어. 아가씨만큼 보이면 좋겠네."

"난 다음에 내리면 되겠네."

그리고는 잠시 뒤 내리셨다.

그제야 드는 생각이 할머니는 나와 대화를 해보고 싶어서 들리면서도 안 들리는 척 혼잣말을 하셨던 것은 아닐까 싶었다. 그리고

조심스레 딸 이야기를 하시는 분위기가 마음을 먹먹하게 했다. 전철 자리 잡았다고 신나하던 나는 금세 마음이 무거워졌다. 왜 장애가 있는 사람과 가족은 저렇게 무거운 마음을 갖고 살아야 할까? 어떻게 하면 그 무거운 마음이 줄어들까?

'장애인!'

장애인은 일단, 신체적 정신적인 어려움이 있는 사람들이다. 하지만 그 우울한 감정이 오로지 장애 때문만은 아닌 것 같다.

할머니의 딸이 눈이 안 보인다는 것도 마음이 아픈 일이지만 더 안타까운 일은 딸이 안 보인다고 집에만 있겠다는 사실이었다. 생각해 보면 우리 주변에 장애인들이 일반적이고 평범한 사회활동 하는 것을 보기는 의외로 쉽지 않다. 이유는 분명하다. 세상에 장벽이 너무 많기 때문이다. 물리적 환경부터 사람들의 인식까지 사회 전반에 걸쳐서 말이다. 장애인들이 사회로 나와 자신의 역할을 하며 당당히 살 수 있다면 우리 사회에 큰 이득일 것이다.

경제적인 측면만 보더라도 장애인들의 소득을 보조해줘서 살게 하는 것보다 스스로 소득을 창출할 수 있는 사회의 당당한 일꾼으로 거듭날 수 있게끔 시스템과 환경이 마련된다면 장애인들이 스스로 생활비를 충당하는 것은 물론이고 나라에 세금도 내니 여러 면에서 사회에는 이득이다. 단, 그렇게 되기 위해서는 투자가 좀 필요하긴 하다. 장애인은 신체적, 정신적 등 여러 어려움이 있으니 능력을 발휘하려면 다양한 지원을 해줘야 한다.

최근 여러 정부 정책 등으로 인하여 물리적 측면에서는 경사로와 점자블록, 보조공학기기 지원을 확대하는 것을 비롯해 많은 지원과 개선이 이루어지고 있다. 분명 고무적인 일이다. 그러나 사회 인식 면에서는 여전히 아쉬움이 많다. 장애 감수성과 인식에 대한 개선을 위한 제도와 정책이 더 적극적이고 구체적이고 실효성 있는 방향으로 발전했으면 좋겠다는 생각이 요즘 들어 더 자주 든다.

'장애인'

우리 사회에서 장애인이라는 단어가 주는 이미지는 어떠한가? 일단 장애인이란 단어의 의미를 살펴보면 장(障 막힐 장) 애(礙 거리낄 애) 인人(사람 인)이다. 막힐 장에 거리낄 애. 누가 만든 말인가. 듣는 장애인 무척 거북하게 만드는 말이다. 장애인이란 말 자체도 별로 맘에 안 드는데 때때로 사람들은 **'병신, 불구, 비정상인'**이라고 부르기도 한다. 사실 친한 사람들끼리는

"에구, 미안하다! 내가 눈도 안 보이는 병신이라 그랬나 봐. 하하."

하며 서로 우스갯소리를 하기도 하지만, 친분이 두텁지 않은 아는 사람이 병신이나 불구라는 용어를 대놓고 사용하면 이건 싸우자는 거다.

우리 사회는 장애인을 너무 부정적인 이미지로 낙인찍고 있는 듯하다. 장애인도 보통의 사람이다. 몸이나 정신이 힘든 것은 개인이 일생을 거쳐 가지고 가야 할 십자가이기에 고통스럽기는 하나,

그 속에서도 보통의 삶을 살아가는 사람들이다. 빡빡한 세상에 사는 것 자체도 힘든데 장애까지 짊어지고 사는 사람들에게 사회가 부정적 인식까지 굳이 줄 필요가 있을까?

보통사람으로 살고 싶다. 보통이란 말은 무슨 말일까. 사전적 의미로 보면 '특별하지 아니하고 흔히 볼 수 있음. 또는 뛰어나지도 열등하지도 아니한 중간 정도'를 의미한다. 또 다른 뜻은 '어떤 병이 뚜렷한 특징을 드러내지 않고 일반적인 증상을 나타내는 성질'을 의미한다고 한다. 사전적 의미로 보면 장애라는 것은 보통 일이 아니라고 생각할 수도 있으나, 사회 구성원의 개별적인 특징의 하나로 본다면 그렇게까지 생각하지 않을 수도 있는 부분이다. 다양한 사람 중에 하나라고 생각하면 그만이다.

장애인에 대해 부정적인 인식이 생긴 것은 무엇보다 경제적 활동이 어렵다는 이유가 가장 크다고 볼 수 있다. 자본주의 사회가 본격적으로 시작되기 이전 먼 옛날에도 먹고사는 것은 언제나 중요한 문제였고 사람의 능력을 판가름하는 것에 있어서 경제적 능력은 동서고금을 막론하고 매우 중요한 것이었다. 농업과 전쟁이 큰 비중을 차지했던 역사에 비추어 볼 때 신체적 장애가 있으면 열외되고 소외될 수밖에 없었던 것은 당연하다. 그러나 지금은 다르다. 세상은 이미 많이 변했고 점점 더 변하고 있다. 노동의 형태도 달라졌지만 그 가치와 개념 또한 달라졌다. 어디 한 군데가 불편한 사람이라 하더라도 나름대로 쓰임새가 다 있다. 그렇게 개개인의 특성에 맞추어 할 수 있는 일, 필요한 일을 개발하고 찾아가며 공동체의 발전을 도모하는 것이 우리 사회의 과제이며 추세라고 생각한다.

나만 보더라도 중도에 시각장애인이 되었어도 노력하여 적합한 일을 찾아서 직장을 다니고 있지 않은가! 우리 아버지는 내가 장애인 등록을 할 때부터 안마사가 될 때까지 늘 걱정하셨고 지금도 여전히 걱정하시지만 그래도 할 수 있는 일을 찾아 사는 게 기특하다고 하신다.

우리 사회의 일원으로 당당히 살고자 하는 장애인들에게 아직도 부정적인 시선을 보내는 사람이 있다면 그러기보다는 꿋꿋하게 열심히 살아가는 것에 따뜻한 응원 한마디 더 해주는 것이 어떨까. 움츠리고 있는 사람들이 응원 덕에 집에서 나와

"나도 이 세상의 한 구성원이야!"

"나도 보통사람이야!"

하며 자신의 인생을 일구어 갈 수 있는 용기의 양분을 얻을 수 있으면 좋겠다. 내가 사회생활 할 수 있는 것도 오직 나만의 힘으로 가능한 것은 아니었다. 때로는 열렬히 때로는 차분히 응원해주는 고마운 이들이 있었다. 그들 덕에 오늘도 열심히 보통사람으로 살아가고 있다.

26 눈은 보이잖아!?

얼마 전 있었던 일이다.

"우리 이웃집 아저씨가 외국 여자와 결혼했는데, 그 아저씨 다리가 없어. 여자 참 안됐지 않냐?"

친구의 느닷없고 이해가 안 되는 이야기에

"뭐가? 그 아저씨 돈 못 벌어?"

하고 내가 물었다.

"아니 돈도 잘 벌고 잘 살아."

"근데 뭐가 안됐어?"

"다리가 없잖아."

친구의 이 한 마디에 머리가 멍해졌다. 하지만 곧

"야, 다리 다 있는데 돈도 못 벌고 식구들 힘들게 하는 사람이

낫냐? 다리는 없어도 능력 있는 사람이 낫냐?"

질문이 좀 극단적이기는 했지만 멍해진 정신을 가다듬고 이렇게 물었다. 그랬더니 친구의 말이

"야, 그래도 다리는 있어야지!"

이러는 것이다. 순간, 친구의 단호한 그 한마디에 가슴이 먹먹해졌다. 장애인은 뭘 해도 장애밖에 안 보이는구나 싶었다. 이렇게 생각을 하니 나도 친구에게는 그런 사람이겠구나 싶어 마음이 더욱 먹먹해졌다. 하지만 곧 그렇게 생각할 수도 있겠지 하며 친구를 아니 그렇게 생각하는 사람들을 애써 이해하기로 했다. 잘 모르니까. 친구는 그 사람의 장애만 알지 다른 건 아는 것이 없다. 보이는 것만 보면 일단 다리가 없고 그것은 좋은 일은 아니니까 그렇게 말할 수도 있겠지 하며 정말 애써 이해했다.

사실 그 친구가 눈치 안 보고 직설적인 성격이라 대놓고 말했을 뿐, 은근히 그런 느낌을 주는 상황이나 대화를 많이 겪어 보았다.

"쯧쯧"

"에구구"

직장도 다니고 일상생활도 자립적으로 하고 있어도, 그저 나는

"쯧쯧"

"에구구"

이 표현으로 나를 보내 버리는 사람들. 왜 그러는 것일까?

얼마 전인가 전철에서 20대쯤 되어 보이는 발달장애가 있는 남

자분이 상동행동을 보이며 앉아 있었다. 옆에 아저씨가

"혼자 어디가?"

대뜸 반말로 물으니

"회사 가요."

하고 청년은 대답했다.

"그러면서 뭘 어딜 가, 쯧쯧."

아저씨는 한숨을 푹 쉬며 그렇게 말했다. 그 모습을 보고 내 일도 아닌데 아저씨가 너무 불쾌했다. 장애가 있어도 저렇게 직장 다니며 자기 인생 살아가고 있는 청년이 얼마나 대단한지 정말 모르는 걸까. 왜 세상 사람들은 장애인이 뭘 해도 장애로 온 불행만을 바라볼까. 몰라도 너무 모르는 것 같다. 하긴 나도 장애인이 되기 전에는 잘 몰랐다. 장애인이라고 하면 관심 없고 굳이 생각하라면 불행이 찾아온 안타까운 사람들이라고 생각했었다.

내 이야기를 써 내려가며 머릿속에 늘 있던 생각.

'내가 쓴 글이 무슨 의미가 있을까?'

"이래 이래해서 이렇고 이래요."

장애만 바라보는 그들에게 이야기해 주고 싶다.

"장애인은 불행하기만 한 거 아니에요."

"엄청 열심히 살아가고 있어요."

"너무 장애만 바라보지 마세요."

"사람 사는 거 다 비슷해요."

장애인이 된 내 이야기. 사람들이 일반적으로 생각하는 것이 모두 틀리다고 생각하진 않는다. 어떤 면에서는 난 분명히 불운한 사람이다. 느닷없이 시각장애가 왔으니 말이다. 현실을 부정하고 싶지 않다. 힘들다. 중도 장애인이 되어 아무렇지 않게 하던 일들을 못 하게 되어 너무 힘들다. 하지만 나에게 찾아온 불운과 갈등과 고통을 그대로 안고 사는 사람이 아니다. 20대 중반에 알게 된 눈 질환. 그저 못 고치는 병이라고만 생각했던 그 질환으로 시각장애인이 되었다. 당황스럽고 어떻게 해야 할지 막막하기만 했던 20대 끝자락의 나였다.

그래도 나름 거침없이 도전했다. 남들이 알아주는 대단한 직업군에 도전했던 것은 아니지만 생활력과 경제력을 갖춘 장애인으로 할 수 있는 일을 찾았고 도전했다. 이런저런 과정을 거쳐 지금은 안마사가 되었다. 그리고 기업체 헬스키퍼로 일을 하고 있다. 장애가 있지만 할 수 있는 일을 하는 지금 나름 만족하며 살고 있다. 하지만 사람들은 나의 이런 이야기들을 모르니 그저 시각장애가 있는

'쯧쯧'

해야 할 사람인 것이다.

길에서 만난 아줌마, 아저씨, 할머니, 할아버지들 모두 장애인에 대해 잘 모른다. 자기 살기도 바쁜데 장애인에 대해서까지 알기는 어려운 일일 것이다. 하지만 모른다는 사실보다 더 큰 문제는 그나마 아는 것도 잘못 알고 있는 것들이 너무 많다는 점이다. 우리

사회에서 장애인을 마주하는 것은 TV나 영화 같은 매스컴을 통한 것이 대부분인데, 그 속의 장애인은 참 안됐다. 장애인을 열심히 사는 모든 사람 중의 하나인 단순한 사회 구성원으로 나타내는 내용은 별로 없다. 모든 영화, TV 프로그램을 모두 본 것은 아니지만 대부분이 그렇다. 또 장애인을 마주하는 곳은 어딜까? 가까운 예로 전철일 수 있다. 구걸하는 장애인이 아직도 가끔 있다. 장애인이 되기 전에는 지금보다 더 많았고, 실제로 내가 직접 본 장애인은 대게 그런 모습이었다. 이러니 우리 생활 속에 있는 장애인의 모습이 어떤 틀에 박혀있는지는 분명하다.

어느 자리에선가 장애인에 대해 사람들이 불쌍하다, 가난하다, 지저분하다 등의 편견으로 바라보는 것 같다고 말했더니 한 비장애인분이 말씀하시기를

"그건 오히려 장애인들이 가지고 있는 편견이에요. 그렇지 않은 비장애인도 얼마든지 있는데 너무 나쁜 쪽으로만 몰고 가는 거예요."

라고 말하며 불편해 했다. 물론 편견 없는 사람도 있겠지만 우리 사회의 전반적인 분위기가 장애인을 부정적인 편견으로 바라보고 있음은 흔히 들어 본 말들을 통해서도 알 수 있다. **'꿀 먹은 벙어리', '눈 뜬 장님'** 이런 말들 말이다. 긍정적인 말로 표현하는 건 별로 없다.

이렇게 장애인에 대한 인식이 긍정적이지 못한 이유는, 장애인

들이 우리 사회에 생산성이 없는 부류로 분류되어 그저 도움만 주어야 하는 대상으로 여겨져 왔기 때문이다. 즉 과거에 장애인은 그저 쓸모없는 사람이었던 것이다. 하지만 세상은 달라졌고, 장애인들은 보호의 대상으로만 머물러 있는 것이 아니라 스스로 소득을 창출하는 사회의 한 부류로 변화하고 있다. 우리 사회가 장애인들을 생산적 경제적으로 가치를 창출해낼 수 있도록 사회의 제도나 환경을 바꾸어 나가고 있고, 장애인들도 그에 맞추어 자신의 능력을 발휘할 수 있는 영역을 찾아 나서고 있다. 이렇게 변화하는 모습에 반해 사람들의 인식은 아직도 과거에 머물러 있다. 모르기 때문이다. 모르기에 사람들은

"눈도 안 보이는데 어딜 그렇게 다녀 위험하게. 쯧쯧."

"에구구, 눈도 안 보이는 데 회사도 다녀 뭘 하는데? 안마? 쯧쯧."

이러기가 일쑤다. 이런 상황이 이해가 되면서도 무척이나 답답하다. 아예 나를 모르는 타인은 당연하고 나를 조금은 아는 친척들도 마찬가지다. 회사도 다니고 돈도 벌고 그럭저럭 사는데도

"쯧쯧"

그놈의 쯧쯧과 애처로운 눈빛으로 꼭 여운을 남기는 대화의 끝이 너무 싫다. 나보다 능력도 없으면서 장애가 없다는 이유로 누군가가 이렇게 나오면 더 짜증이 난다.

'넌 눈도 보이는데, 왜 나만큼도 못사니?'

어쩌려고 혼자 다녀?

하고 물어보고 싶기도 하다.

그러면 그 사람은 그렇게 생각할 것이다.

'난 눈은 보이잖아!'

내 친구처럼 말이다. 세상에 뭐가 중요한 것인가. 신체적 정신적으로 만성적 어려움이 있어 장애가 온 것이 중요한가? 그런데도 자신의 역할을 해내고 사회의 일원으로 살아가는 것이 중요한가?

우리 사회가 점점 좋아져 장애인들도 사회의 일원으로 살아갈 수 있도록 장애인 고용도 증가하고 있고, 장애로 생기는 장벽이 없도록 제도나 환경이 차츰 변화하고 있다. 그에 따라 장애인들도 자신들의 능력을 발휘하며 살아가기 위해 끊임없이 노력하며 살아가고 있다. 그리고 세상에 나와 더 활발히 활동하고 살아가기 위해 세상에 존재하는 장벽을 말하고, 장벽이 사라지게 하려고 목소리를 내고 있다. 그런데 이렇게 변화하는 세상의 속도를 사람들의 인식이 따라오지 못하고 있다. 너무 아쉬운 일이나 사람들에게 많이 알려지지 않았던 이유도 있는 것 같다.

"이래 이래 해서 이렇고 이래요."

굳이 내 이야기를 하고 싶지는 않았으나 사람들이 잘못된 인식만을 가지고 단정 지어 판단하는 것이 열심히 살아가는 누군가에게 얼마나 큰 상처인지를 알려주고 싶다. 나도 다른 사람들과 마찬가지로 하루하루 열심히 살아가는 보통사람 중에 하나라는 사실을 알아주었으면 한다.

개인적으로 장애가 온 것은 불운한 일이나, 장애는 나의 일부분일 뿐 전부가 아니니 너무 '쯧쯧'한 사람으로만 여기지 않기를 바란다. 내가 세상에 나올 수 있기까지 사회가 얼마나 변했는지 모를 것이다. 변화가 있었기에 흰지팡이를 들고 세상에 나올 수 있었다. 그리고 지금은 열심히 살아가고 있는 보통사람이다.

굳이 나의 이야기를 낯선 이에게 하지 않아도 되는 세상이 되길 바란다. 장애인들이 사회의 일원으로 자연스럽게 존재하는 세상이 되길 바란다. 그러기 위해서는 서로 알아야 한다고 생각한다. 사회가 변화하고 있듯 사람들의 장애인에 대한 인식 또한 변해야 한다. 나의 특별할 것 없는 이야기가 서로에 대해 알아갈 기회가 되었으면 좋겠다.

에필로그

장애! 그것도 중도장애가 온다는 것은 참으로 당사자로서는 어이없고 말문이 막히는 일이다. 처음에는 지금 벌어진 이 일이 정말 나의 일인가? 믿겨지지가 않았다. 그러다 불안해졌다. 앞으로의 삶이 말이다. 그리고 좌절했다. 그리고 화가 났다. 뭘 잘못해서 나에게 이런 일이 벌어진 것일까? 왜 나일까? 여러 감정에 나는 마음이 얼었다 녹았다 뜨거워졌다 바람이 불었다 온갖 풍파가 일었다. 중도 장애가 있는 어떤 사람들은 그 마음의 소용돌이로 인해 아주 오랜 세월 세상으로 나오지 않고 방에만 있었다는 이야기도 들었다. 하지만 나는 그렇게 오래 방에 갇혀 있지는 않았다. 아니 그런 적은 없었다. 같은 장애가 있는 어떤 이는 이런 나를 외계인처럼 신기하게 보기도 했다. 그러나 넋을 놓지 않았을 뿐, 마음속에도 멈추지 않는 소용돌이가 있다. 그 소용돌이는 시시때때로 내 마음과 삶을 뒤흔든다. 감당하기 힘든 고민과 갈등의 씨앗이다. 바삐 살아가다 보면 잠시 잔잔해지기도 하지만 근본적인 고충은 여전히 그대로다.

성격이 급하고, 오기가 있는 편이다. 이런 성향에 대해 엄마는 늘 걱정하셨다. 그런데 그 성격이 장애에 있어서는 도움이 된 편이었다. 마음은 죽을 것 같았지만, 무언가를 계속 해야 한다고 스스로를 재촉한 것! 중도 장애가 왔다고 사람들에게 무시당하기 싫어 오기가 발동한 것! 또 굳이 나에게 이런 장애를 안겨다 준 원망할 곳 없는 어느 곳에 대한 오기! 나는 그랬다. 세상으로 소용돌이 치는 마음을 그대로 안고 나왔고 또 부딪쳤다. 어떤 방법이 더 좋은지 정답은 없지만 잘 했다고 생각한다. 늘 마음에 함께 하는 엄마도 그렇게 생각하실 것이다. **'무용지용(無用之用)', '개똥도 약에 쓴다'** 단점만 같던 성향이 닥친 장애에는 긍정적으로 작용했다. 마음은 힘들지만 움직이자!

정말 우연한 기회로 글을 쓰게 되었다. 글을 쓴다는 것은 생각해 보지 못한 일이다.

"책 한번 써보세요."

정기모임에 갈 때마다 한 번씩 던지시는 김두현님의 말에 처음에는

'저 분이 나에게 왜 저러시나?'

그랬다. 별 거 없는 사람인데 의아했다. 그런데 갈 때마다 던지시는 권유에 내 생각이나 적어 볼까 하며 컴퓨터 앞에 앉기 시작했고, 코로나 시국이 오기 직전의 겨울, 밤마다 새벽까지 컴퓨터 앞을 떠나지 않았다. 시각장애로 눈이 아닌 귀로 컴퓨터를 할 수 있게 지도해 주었던 김남주 선생님 덕분에 눈을 감고 키보드를 마구 두드렸다. 한번 써 내려가기 시작하면 나도 모르게 키보드에서 손이 멈추지를 않았다. 신기하게도 글이 나에게 힐링이 되고 있었다.

스트레스가 쌓일 때 글로 옮기면 마음이 진정된다며 글쓰기를 늘 권했던 그, 늘 웃음과 용기를 주는 사랑하는 은하수에의 말은 옳았다. 내가 할 수 있는 일들을 열심히 찾고 움직이며 살아감과 동시에, 장애로 온 마음의 소용돌이는 어느덧 나의 일부가 되어 있었다. 내 이야기를 적어보는 일은 마치 속내를 누군가에게 털어놓듯 후련한 마음을 안겨주었다. 세상은 늘 무너지란 법은 없다. 그러기에 지금 당장 죽을 것 같아도 일단 생각을 조금 전환하며 숨을 쉬고 다시 움직여야 한다. 생각치도 못한 일들로 내가 살아야 하는 이유를 찾게 되기도 하기 때문이다. 이 글을 쓰는 작업이 나에게 그러했다. 책을 내야 한다는 생각보다는 그저 내 생각을 적어 보자였다. 그런데 막상 몇 개월간 이야기를 옮기면서 지금까지 중도 장애로 살아온 시간을 다시 생각해 보게 되었고, 어떤 생각으로 어떻게 살아가면 좋을지 생각해 보는 시간이 되었다. 마음에 위로가 되었다.

이런 기회를 준 김두현님을 비롯한 꼬닥꼬닥 가족들, 특히 편

집을 도와주신 이호선님에게 감사드린다. 그리고 어느 순간 시각장애인의 가족이 되어 눈이 안보이는 삶을 공유하게 된 우리 아버지, 언니들, 형부들, 조카들 그리고 우리 강산해 가족들. 마음의 소용돌이를 같이 느끼고 있는 가족들에게 이 글을 계기로 미안하고 고마운 마음을 전한다.

    나에게 위로가 된 이 글이 당신에게도 작은 위로가 되기를 바라며……

2020년 7월에

어쩌려고 혼자다녀

초판 1쇄 발행 2020년 10월 1일
발행인 임도영
지은이 장근영
기획 김두현, 이호선
디자인 이지수(표지), 이미연
펴낸곳 꼬닥꼬닥 협동조합
출판등록일 2019년 6월 13일
주소 서울특별시 중랑구 망우로 346, 101동 B116호
         (상봉동, 한일써너스빌아파트)
대표전화 02-832-1119
팩스 050-4034-2287
URL http://edu-coop.co.kr
ISBN 979-11-968715-2-9 03800

파본은 구입하신 서점에서 교환하여 드립니다.

※ 이 책은 꼬닥꼬닥 협동조합이 저작권자와의 계약에 따라 발행한 것으로 저작권법에 따라 보호를 받는 저작물이므로 무단전재와 무단복제를 금지합니다.
※ 이 책 내용의 전부 또는 일부를 이용하려면 반드시 저작권자와 꼬닥꼬닥협동조합의 서면동의를 받아야 합니다.
※ 책 값은 뒤표지에 있습니다.